MLUVÍME ČESKY I

Lehrbuch der tschechischen Sprache

Volk und Wissen Verlag GmbH
Berlin

Autoren: Dr. Bohdana Lommatzsch (Kollektivleiterin)
Dr. Hana Adam
Eva Mitzscherling

Autoren und Verlag danken Frau Dr. Karla Hronová, Frau Renate Hums, Frau Dr. Milada Němcová, Herrn Dr. Pavel Cink und Herrn Jan Čeliš für wertvolle Hinweise zur Erarbeitung des Manuskripts.

Bildnachweis
Karel Liška (Titelphoto: S. 9, 13, 14, 15, 49, 52, 64, 65, 66, 81, 82, 83, 94, 127, 128, 139, 179, 219); Miroslav Fokt (4. Umschlagseite; S. 53, 62, 77, 78, 83, 95, 113, 128, 180, 189); ČTK (S. 14, 15, 72, 81, 82, 98, 170, 175, 180, 208, 218, 228, 241)
Grafiken: Vladimír Jiránek (S. 33, 36, 43, 76, 77, 78, 90, 105, 107, 112, 114, 130, 143, 144, 152, 153, 174, 187, 188, 222, 226, 227, 237, 243, Vignetten); Dušan Pálka (S. 19, 34, 41, 67, 73, 99, 108, 119, 121, 141, 142, 154, 166, 181, 185, 206, 211, 232, 239); Harri Förster (S. 55, 60, 122, 137, 150, 163, 176, 191, 204, 216, 229, 242); Gerhard Anton (S. 75, 76, 91, 134, 135, 157, 158)

Zum Lehrwerk *Mluvíme česky I* gehört außerdem:
1 Tonbandkassette (ISBN 3-06-555501-8)

ISBN 3-06-551001-4

1. Auflage (2., durchgesehene Ausgabe)
6 5 4 3 2/97 96 95 94 93
Alle Drucke dieser Auflage sind unverändert und im Unterricht parallel nutzbar. Die letzte Zahl bedeutet das Jahr dieses Druckes.

Lizenz-Nr. 203 · 1000/90 (E 55 10 01-1)
Printed in Germany
Schrift: 9/11 p Timeless
Satz: Dresdner Druck- und Verlagshaus GmbH
Druck und Binden: Offizin Andersen Nexö Leipzig GmbH
Redaktion: Bohdana Lommatzsch
Einband: Rainer Fischer
Typographische Gestaltung: Horst Albrecht
Illustrationen: Vladimír Jiránek, Dušan Pálka, Harri Förster
Redaktionsschluß: 20. Oktober 1992

Inhaltsverzeichnis

Verzeichnis der Abkürzungen

m.	Maskulinum
f.	Femininum
n.	Neutrum
m. bel./m. b.	Maskulinum belebt
m. unbel./m. u.	Maskulinum unbelebt
v.	vollendete Verbform
unv.	unvollendete Verbform
N.	Nominativ
G.	Genitiv
D.	Dativ
A.	Akkusativ
V.	Vokativ
P.	Präpositiv
I.	Instrumental
Sg.	Singular
Pl.	Plural
Ps.	Person
Adv.	Adverb
Adj.	Adjektiv

1

Dovolte, abych se představil

1 Dobrý den! Dovolte, abych se představil. Jmenuji se Petr Horák. Jsem Čech. Bydlím v Praze, Moravská 15. Jsem student.
To je Christian Klein, je Němec. Bydlí v Berlíně, Husemannstr. 1. Je také student.

Praha – Karlův most

2 Lesen Sie laut und vergleichen Sie die unterschiedliche Betonung im Tschechischen und im Deutschen. Beachten Sie, daß die Betonung im Tschechischen (auch bei Fremdwörtern) stets auf die erste Silbe fällt und daß nur Eigennamen groß geschrieben werden.

Berlín	Berlin	republika	Republik
student	Student	inženýr	Ingenieur
satelit	Satellit	redaktor	Redakteur
autorita	Autorität	drogerie	Drogerie

3 Das Reflexivpronomen „se“, das niemals am Satzanfang stehen kann, ist immer unbetont. Es wird mit dem vorangegangenen Wort zusammen ausgesprochen.

Lesen Sie laut:

abych se jmenuji se

Dobrý den! Dovolte, abych se představila. Jmenuji se Alena Nováková. Jsem studentka. Bydlím v Ostravě.

4 Lesen Sie laut und beachten Sie, daß

- die langen Vokale durch einen Strich (´), beim „u" außerdem durch einen Kringel (˚) bezeichnet werden. Sie sind lang, unabhängig davon, ob sie die Betonung tragen oder nicht.

  To je pan Pánek. Bydlí v Průhonicích. A to je Eva Bártová. Bydlí v Úvalech.

- die Länge der Vokale oft bedeutungsunterscheidende Funktion hat

byt (Wohnung)	být (sein)
dal (er gab)	dál (weiter)
muže (den Mann)	může (er kann)

- die Endung der Adjektive immer lang ist

krátký (kurz)	hlavní (Haupt . . .)
dobrý (gut)	moderní (modern)
hezký (schön)	poslední (letzter)

5 Schreiben Sie nach Diktat!

dává, lípa, stůl, motýl, mává, údaj, můstek, úzký, český

6 Beachten Sie:
Wenn stimmhafte und stimmlose Konsonanten aufeinandertreffen, paßt sich der vorhergehende Konsonant dem nachfolgenden an:

kdo
kde
v Praze

Lesen Sie laut:

Kdo bydlí v Berlíně? V Berlíně bydlí Jakob Neumann.
Kde bydlí Jana Procházková? Jana Procházková bydlí v Praze.
A Eva Bártová? Eva Bártová bydlí v Úvalech.

7 Brousek pro tvůj jazýček

c	wird wie das deutsche z gesprochen cukr (Zucker), co (was), práce (Arbeit), otec (Vater)
z	wird wie das s in „summen" gesprochen závod (Werk, Betrieb, Wettkampf), v Praze (in Prag)
s	hat den Lautwert von ss (ß) česky, se
v	wird wie das deutsche w gesprochen závod, Novák, dovolit
st	wird wie das deutsche st in „lustig" gesprochen student (Student), starý (alt), stůl (Tisch)
r	wird als gerolltes Zungen-r gesprochen Praha, Hradčany (Hradschin)

8 Lesen Sie laut!

c:	cena	lekce	moc	poctivý
	cesta	nemocný	konec	úcta
	citrón	mince	hrnec	octový
	cíl	akce	pomoc	vůdce
	noc	rekce	nemoc	krátce

9 Lesen Sie laut und achten Sie auf die unterschiedliche Aussprache beider Konsonanten!

z – s:	zem	sem	koza	kosa
	zad	sad	kozí	kosí
	zebe	sebe	vozí	vosí
	zladit	sladit	leze	lese
	zlézat	slézat	míza	mísa

10 Lesen Sie laut!

v:	vaše	věšák	úvaha	veselý
	kovat	levá	únava	káva
	vidět	výroba	zajímavý	výtah

st:	stroj	trest	jistý	ostrý
	vstávej!	strana	list	výstup
	stát	strach	vlast	hosté
r:	ryba	drát	mrak	bratr
	rak	hrát	rok	krev
	drak	metr	ruka	zralý

11 Beachten Sie die tschechischen Buchstaben č, š, ž und ř sowie deren Lautwert!

č hat den Lautwert von tsch, z. B. Deutsches Theater
š hat den Lautwert des deutschen sch in „Schule"
ž hat etwa den Lautwert des j in „Journal"
ř entspricht keinem Laut im Deutschen, wird als Zungen-r und gleichzeitig ž gesprochen; beide Laute sind verschmolzen zu sprechen

12 Lesen Sie laut:

č:	Čech	čokoláda	číslo	občas
	čekat	člen	čaj	proč
	čím	lačný	čas	člověk
š:	šikovný	šašek	šedý	škola
	široký	náš	šaty	švagr
	šíje	prášek	šátek	šťastný
ž:	žena	kožený	živý	ždímat
	žízeň	můžeš	žába	žehlit
	žít	žvanit	žádat	(k) mužovi
ř:	tři	řeka	nářadí	říjen
	třída	talíř	řeč	říci
	přítel	uvnitř	keř	

Jedna, dvě, tři, čtyři, pět,
cos to Janku, cos to snědl . . .

13 Üben Sie die Aussprache der Grundzahlwörter und prägen Sie sich diese dabei ein!

1 jeden, jedna, jedno
2 dva (m.), dvě (f. und n.)
3 tři
4 čtyři
5 pět
6 šest
7 sedm (sprich: sedum)
8 osm (sprich: osum)
9 devět
10 deset

11 jedenáct	20 dvacet
12 dvanáct	30 třicet
13 třináct	40 čtyřicet
14 čtrnáct (sprich: čtr-náct)	50 padesát
	60 šedesát
15 patnáct	70 sedmdesát
16 šestnáct	80 osmdesát
17 sedmnáct	90 devadesát
18 osmnáct	100 sto
19 devatenáct	

Die zusammengesetzten Grundzahlwörter können in zweierlei Form auftreten:

21 dvacet jedna	jedenadvacet
32 třicet dva	dvaatřicet

Kde je . . .? Kde jsou . . .? Kdo je to?

14 Prägen Sie sich ein:

Konjugation des Verbs být (sein)

	Jsem	student.		Jsme	v Německu.
	Jsi	také student?		Jste	v Čechách?
Müggelsee	je	v Berlíně.	Hradčany	jsou	v Praze.

Kde je? Kde jsou?

15 Lesen Sie laut!
Kde je Praha?
Praha je v Čechách

Týnský chrám na Staroměstském náměstí v Praze

Kde jsou*
Hradčany?
Hradčany
jsou v Praze.

* Hradčany = Mehrzahlwort

Kdo je to?

16 Antworten Sie!

Jan Hus

Jan Ámos Komenský

Božena Němcová

Bedřich Smetana

Karel Čapek

Antonín Dvořák

Ano nebo ne?

17 Lesen Sie laut!

Je to Leoš Janáček?
Ano, to je Leoš Janáček.

Je to Bedřich Smetana?
Ne, to není Bedřich Smetana, to je Antonín Dvořák.

Jsou to Hradčany?
Ne, to nejsou Hradčany, to je hrad Karlštejn.

18 Prägen Sie sich ein!

Die Negation wird im Tschechischen durch Hinzufügung des Präfixes **ne-** zum Wort gebildet (**ne-** wird mit dem negierten Wort zusammengeschrieben), z. B. beim Verb sein:

	Nejsem	student.	(Ich bin nicht, ich bin kein)
	Nejsi	Čech.	
Müggelsee	není	v Praze.	
	Nejsme	v Halle.	
	Nejste	Karel Hájek?	
Hradčany	nejsou	v Berlíně.	

Beachten Sie die besondere Form der 3. Person Sg.:

není = ist nicht, kein

19 Verneinen Sie!

1. Halle je v Čechách.	5. Jsem Čech.
2. Jsi v Brně?	6. Jsme v Praze.
3. Karel bydlí v Ostravě.	7. Petr bydlí v Berlíně.
4. To je zámek Hluboká.	8. To město se jmenuje Halle.

Jmenuji se, jmenuješ se, jmenuje se . . .

20 Zur Konjugation

Nach den Personalendungen im Präsens lassen sich die meisten Verben in 4 Konjugationstypen einteilen.
3 Typen davon sind nach der Form des Infinitivs erkennbar, bei dem 4. Typ handelt es sich um unterschiedliche Infinitivformen.

Typen der Endungen von Verbformen im Präsens

Konjugations-typ		I	II	III	IV
		-at říkat	-ovat jmenovat se einige einsil-bige V. (žít)	-it, -et, -ět bydlit, rozumět slyšet	unterschied-liche Infinitiv-formen, z. B. nést
Sg.	1. Ps.:	*-ám*	*-i*	*-ím*	*-u*
	2. Ps.:	*-áš*	*-eš*	*-íš*	*-eš*
	3. Ps.:	*-á*	*-e*	*-í*	*-e*
Pl.	1. Ps.:	*-áme*	*-eme*	*-íme*	*-eme*
	2. Ps.:	*-áte*	*ete*	*-íte*	*-ete*
	3. Ps.:	*-ají*	*-í*	*-í/-* *-ejí/ějí*	*-ou*

I.: říkat: říkám, říkáš, říká . . . říkají
II.: jmenovat se: jmenuji se, jmenuješ se, jmenuje se . . . jmenují se
III.: bydlit: bydlím, bydlíš, bydlí . . . bydlí
rozumět: rozumím, rozumíš, rozumí . . . rozumějí
slyšet: slyším, slyšíš, slyší . . . slyší
IV.: nést: nesu, neseš, nese . . . nesou

Die Personalpronomen werden bei der Konjugation oft nicht gebraucht. Die jeweilige Person ist an der Endung erkennbar. Als Höflichkeitsform wird die 2. Ps. Pl. verwendet.
Neben den regelmäßigen Konjugationstypen gibt es auch unregelmäßig konjugierte Verben, z. B. být (vgl. Übung 14).

21 Lesen Sie laut und übersetzen Sie!

Jak se jmenuješ? Jmenuji se Pavel Novotný. Jak se jmenuje ten student? Ten student se jmenuje Jan Němec. Nerozumím, co říkáš. Jak se jmenuje ten student? Říkám Jan Němec. Bydlíme v Praze. Christian bydlí v Berlíně. A kde bydlíte vy? Petr a Pavel bydlí v Čechách. Mathias a Thomas rozumějí česky. Claudia ještě česky nerozumí.

22 Bilden Sie einfache Aussage- und Fragesätze mit allen Präsensformen der Verben jmenovat se, říkat, rozumět, bydlit.

M Jak se jmenuje ten student?

23 Setzen Sie die Verben in die angegebene Form!

Jak (jmenovat se – 2. Ps. Pl.)?
(Rozumět – 1. Ps. Pl.) česky.
Co (říkat – 3. Ps. Pl.)?
Kde (bydlit – 2. Ps. Sg.)?
(Nebydlit – 1. Ps. Sg.) v Praze.
(Nerozumět – 1. Ps. Pl.) co (říkat – 3. Ps. Pl).
Petr (říkat) jak (jmenovat se).

Ukažte, co umíte!

24 Ergänzen Sie:

1. Bydlí Petr Horák v Praze? Ano, Petr Horák . . .
2. Je Christian Klein Čech? Ne, Christian Klein . . .
3. Je Petr Horák student? Ano, Petr Horák . . .
4. Jmenuje se to město Brno? Ne, to město . . .

25 Antworten Sie:

1. Jsou Hradčany v Praze?
2. Jste Čech?
3. Je město Brno v Německu?
4. Jmenujete se Alena Nováková?
5. Kde je zámek Hluboká?
6. Je Rotes Rathaus v Berlíně?
7. Je Petr Horák Němec?
8. Bydlíte na Moravě?
9. Kde bydlíte? Jste student?
10. Kde jsou Hradčany?

26 Sagen Sie, daß

- Sie nicht in Prag wohnen,
- Pavel kein Student ist,
- Sie nicht Thomas Schuster heißen,
- der Hradschin nicht in Halle ist,
- die Stadt Kolín in Böhmen ist,
- die Burg Karlštejn nicht in Sachsen (v Sasku) ist,
- Petr und Eva in Berlin sind.

27 Übersetzen Sie:

Guten Tag! Gestatten Sie, daß ich mich vorstelle. Ich heiße Christian Klein und bin Student. Ich wohne in Berlin.
Und wer ist das? Ist das auch ein Student? Wie heißt er? Ja, er ist Student und heißt Petr Horák.
Wo wohnt er? Er wohnt in Prag.

28 Nutzen Sie die Übung 23 und berichten Sie schriftlich über Ihre eigene Person!

29 Lesen Sie still und versuchen Sie, die unbekannten Wörter zu erschließen:

Jmenuji se Martin Novák. Jsem Čech. Bydlím v Praze. Můj otec se Jmenuje Jan Novák a je inženýr. Moje matka se jmenuje Hana Nováková a je učitelka. Můj bratr se jmenuje Marek a je žák. Moje sestra se jmenuje Alena. Je studentka. Bydlí v Brně.

30 Bilden Sie möglichst viele Fragen mit kde, kdo und beantworten Sie sie!

M Kde bydlíš? Bydlím v Halle.
Kdo je Alena? Alena je studentka.

31 Fragen Sie Ihren Nachbarn

- wie er/sie heißt,
- wo er/sie wohnt,
- ob er/sie Student ist.

32 Prägen Sie sich die Lexik ein:

a	und	být: jsem . . . jsou	sein
ano	ja	Čech	Tscheche
Berlín	Berlin	Češka	Tschechin
v Berlíně	in Berlin	Čechy	Böhmen
bydlit III	wohnen	hrad	Burg

Já vím, Bedřichu, slovo má někdy strašlivou moc...

Hradčany (Pl.)	Hradschin	pivo	Bier
jak?	wie?	Praha	Prag
jmenovat se II	heißen	v Praze	in Prag
kde?	wo?	rozumět III. -ějí	verstehen
kdo?	wer?	říkat I.	sagen
město	Stadt	slyšet III.	hören
ne	nein	student	Student
nebo	oder	studentka	Studentin
Morava	Mähren	také	auch
na Moravě	in Mähren	ten, ta, to	der, die, das
Němec, Němka	Deutscher, -e	v/ve + Präp.	in
nést IV.	tragen	žít II.	leben

Prägen Sie sich die Wendungen ein:

Dobrý den!	Guten Tag!
Dovolte, abych se představil(a).	Gestatten Sie, daß ich mich vorstelle.

2

Naše rodina

1 Jmenuji se Petr Horák a jsem student. *Studuji matematiku. Učím* se také *německy.* Bydlím *s matkou, otcem, bratrem* a *sestrou* v Praze. Otec je *učitel,* matka *prodavačka.* Otec *pracuje* ve *škole* Jana Nerudy a matka v *obchodním domě* Kotva. *Můj* bratr se jmenuje Pavel a je *žák. Chodí* také do školy Jana Nerudy. *Moje* sestra se jmenuje Jana a je studentka. Studuje *na univerzitě češtinu* a *němčinu. Mám kamaráda* Christiana Kleina. Christian také studuje matematiku. Učí se česky. *Je na rok v* Praze a *zítra navštíví naši rodinu.* Christian má otce a matku v Berlíně. *Pan* Klein je *inženýr, jeho žena, paní* Kleinová, je *učitelka.* Christian nemá sestru, má *jen* bratra. Jeho bratr Matthias je *ještě žák.* S Christianem *mluvím česky.*

2 Kdo patří do rodiny?

Verwandtschaftsbezeichnungen

ot*e*c, -e, m.	Vater,	matka, -y, f.	Mutter,
tatín*e*k, -a, m.	Vati	maminka, -y, f.	Mutti
manžel, -a, m.	Ehemann	manželka, -y, f.	Ehefrau
dědeč*e*k, -a, m.	Großvater	babička, -y, f.	Großmutter
syn, -a, m.	Sohn	dcera, -y, f.	Tochter
bratr, -a, m.	Bruder	sestra, -y, f.	Schwester
vnuk, -a, m.	Enkel	vnučka, -y, f.	Enkelin
strýc, -e, m.	Onkel	teta, -y, f.	Tante
bratran*e*c, -e, m.	Cousin	sestřenice, -e, f.	Cousine

Cvičíme pravopis

i nebo y? Dobrá rada nad zlato.

3 Die Buchstaben *i* und *y* bezeichnen den gleichen Vokal *i.* Man unterscheidet harte *(h, ch, k, r, d, t, n)* und weiche Konsonanten *(ž, š, č, ř, c, j, ď, ť, ň).* Nach den harten Konsonanten schreibt man in den tschechischen Wörtern immer y, nach den weichen immer i. Für die Verbindung *ť, ď, ň* mit *i, í,* und *e* hat sich historisch folgende Rechtschreibung gefestigt:

dí*tě*, *ní*kdo, *ti*cho, *ně*kdo, *tě*lo

4 Lesen Sie laut und erklären Sie den Gebrauch von *i* bzw. *y*:

do Prahy, pohyb, s hochy, chytrý, velký, kyselý, ryba, brýle, muži, život, široký, šít, čistota půl zdraví, uříznout, Říp, případ, moci, v noci, jiný, Jitka, Jiří.

5 Nach den übrigen Konsonanten *b, f, l, m, p, s, v, z* wird in bestimmten Wörtern *y* geschrieben, sonst *i* (vgl. S. 248): z. B. být, bydlit.

6 In Fremdwörtern folgt man in der Regel der Originalschreibweise und -aussprache.

Schreiben Sie nach Diktat:
Studuji na univerzitě matematiku. Chodím také do kina, mám rád historické filmy.

7 Ergänzen Sie schriftlich:

hezk-, uč-tel, ř-kat, r-by, ž-t, noh-, oč-, ch-ba, vař-t, poh-b, nož-, česk-, př-tel, uč-telka, německ-, obchodn-, dům, němč-na, un-verzita, matemat-ka.

2

Brousek
pro
tvůj jazýček

8 Bei präpositionalen Verbindungen wird die Betonung auf die Präposition verlagert und die Präposition mit dem nachfolgenden Substantiv als ein Wort gelesen.

Lesen Sie laut:
Studuji na univerzitě. Bratr je ve škole. Chodí do školy Jana Nerudy.

9 Das *s* in der Konsonantengruppe *sh* verlangt die Anpassung des nachfolgenden Lautes.

Üben Sie den Gruß *Na shledanou!* laut.

10 Üben Sie die Aussprache der Palatalen ď, ť, ň!

Lesen Sie laut:
těžký, tělo, dítě, letět, vidět, chtěl, vědět, něco, někdo, štěstí, němčina, německy, v Berlíně, děkuji, jdi, podívat se

Lesen Sie laut:

daný	daní	chudý	chudí
jiný	jiní	mladý	mladí
chybný	chybní	rudý	rudí
temný	temní	šedý	šedí
jemný	jemní	bledý	bledí
nudný	nudní	čistý	čistí
snadný	snadní	tvrdý	tvrdí
míněný	mínění	kulatý	kulatí

Je to těžké, že ano? Ale můžeme vás utěšit: Žádný učený z nebe nespadl.

11 Die Lautgruppen bě, pě, vě, mě werden bje, pje, vje, mňe ausgesprochen.

Lesen Sie laut:
běžet, oběd, sběr; zpěv, opět, pět; Věra, věk, vědět; město, mě, rozumět.

12 Lesen Sie folgendes Telefongespräch laut und achten Sie auf die Aussprache:

Jana *telefonuje* Evě:
„Bártová."
„Dobrý den, *tady* je Jana Horáková. Paní Bártová, je *doma* Eva?"
„Ne, Jano, není, je ještě ve městě, *vrátí* se *až večer.*"
„Děkuji, na shledanou. *Zatelefonuji* večer."
„Prosím, na shledanou."

Tvoření slov

Pan Horák je učitel, paní Horáková je prodavačka

13 Weibliche Nachnamen werden von substantivischen Formen männlicher Nachnamen mit Hilfe des Suffixes -ová gebildet.

Lesen Sie laut:

pan Novák	–	paní Nováková
pan Šmíd	–	paní Šmídová
pan Pospíšil	–	paní Pospíšilová

Weibliche Berufsbezeichnungen werden von den männlichen Formen oft mit Hilfe des Suffixes -ka gebildet.

Lesen Sie laut:

prodavač	–	prodavačka
učitel	–	učitelka
inženýr	–	inženýrka

Kámen úrazu, ale:
s chutí
do toho a půl
je hotovo

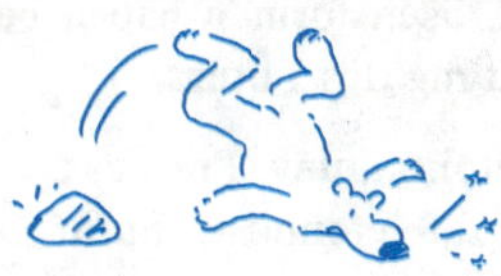

Máte bratra nebo sestru? Mám jenom bratra.

14 Konjugation des Verbs mít
Lesen Sie laut und übersetzen Sie:

V Praze	mám	babičku a dědečka.
	Máš	bratra nebo sestru?

Christian	má	tatínka a maminku v Berlíně.
	Máme	v Hamburku tetu.
Pane Nováku,	máte	vnuka?
Petr a Pavel	mají	sestru Janu.

15 Co se často říká

Merken Sie sich einige Wendungen mit dem Verb mít. Lesen Sie laut:

Jak se máš?	Wie geht es dir?
Mám se dobře (špatně).	Es geht mir gut (schlecht).
Ty se máš!	Du hast es gut!
Máš dnes čas?	Hast du heute Zeit?
Nemám čas.	Ich habe keine Zeit.

16 Ergänzen Sie Formen des Verbs mít (mündlich und schriftlich):

1. /2. Ps. Sg./ čas? 2. Jak se /2. Ps. Pl./ ? 3. Petr říká: /1. Ps. Sg./ kamaráda Christiana Kleina. 4. Christian /3. Ps. Sg./ bratra. 5. Dnes /1. Ps. Pl./ češtinu. 6. Pavel a Marek /3. Ps. Pl./ dnes němčinu.

. . . a ještě jeden kamínek

17 Christian je na rok v Praze a zítra navštíví naši rodinu.

Wie für slawische Sprachen typisch gibt es auch im Tschechischen *vollendete* und *unvollendete Verben.* **Die Präsensformen haben bei den vollendeten Verben (navštívit, vrátit se) die Bedeutung des Futurs.**

telefonovat, telefonuji, . . . telefonují, unv. Präsens
zatelefonovat, zatelefonuji . . . zatelefonují v., Futur

18 Die Verben vrátit se und navštívit sind ebenfalls vollendet.

Lesen Sie laut und übersetzen Sie:

1. Eva není doma, vrátí se až večer. 2. Jana říká, že zatelefonuje večer. 3. Christian navštíví zítra naši rodinu.

. . . a další kamínek

19 Zur Deklination tschechischer Substantive

Im Tschechischen gibt es 7 Fälle: Nominativ, Genitiv, Dativ, Akkusativ, Vokativ, Präpositiv und Instrumental.
Wie im Deutschen und Russischen unterscheidet man 3 Genera: das Maskulinum, das Femininum und das Neutrum. Das Maskulinum gliedert sich zusätzlich nach dem Kriterium belebt bzw. unbelebt.

20 Pan Novák je se ženou na *hradě u města*

Deklination harter Substantive im Singular

	Maskulinum		Neutrum	Femininum
	belebt	unbelebt		
Nom.	pán	hrad	město	žena
Gen.	pána	hradu, lesa*	města	ženy
Dat.	pánu, pánovi	hradu	městu	ženě
Akk.	pána	hrad	město	ženu
Vok.	pane, hochu!	–	–	ženo!
Präp.	o pánu, pánovi	o hradě, vlaku**	o městě, středisku***	o ženě
Inst.	pánem	hradem	městem	ženou

* les = Wald
** vlak = Zug
*** středisko = Zentrum

Zapište si za uši

Bemerkungen zur Deklination

21 In der Flexion tritt vor den Vokalen *i, í, e* der Konsonantenwechsel auf. Bei Feminina im Dativ und Präpositiv, bei Maskulina und Neutra im Präpositiv kommt es zu folgendem Konsonantenwechsel:

k	→	c	maminka – mamince
			babička – babičce
h	→	z	Praha – Praze
g	→	z	Olga – Olze
ch	→	š	moucha – mouše (Fliege)
			Macocha – Macoše (Tropfsteinhöhle in der Nähe von Brno)
t	→	ť	město – městě
d	→	ď	hrad – hradě
n	→	ň	žena – ženě
r	→	ř	Klára – Kláře

22 Die Dativ- und Präpositivendung nach *c, č, s, š, z, ž* und *l* ist **e**:

ve škole, na *stole*, babičce, mouše, v lese

23 Im Vokativ besitzen harte Substantive, die auf *g, k, h, ch* auslauten, die Endung **-u**. Die Lautgruppe *Konsonant* + *r* im Auslaut verlangt **-ře**!

Lesen Sie laut:

Marek telefonuje Petrovi:
„Dobrý den, tady je Marek Novák. Pane Horáku, je doma Petr?"
„Ano, je, Marku."
„Haló, tady je Petr."
„Ahoj Petře, tady je Marek. Je *už* Christian v Praze?"
„Ne, ještě ne, Marku. Až zítra se vrátí z Brna."
„Děkuji, ahoj!"
„Ahoj!"

24 Bei zahlreichen Substantiven tritt die Erscheinung des flüchtigen e (kursiv gedruckt) auf:

z. B.: tatín*e*k – tatínka, dědeč*e*k – dědečka, Pav*e*l – Pavla, Maš*e*k – Maška

25 Bei Substantiven (Maskulinum) mit dem Stammvokal *-ů-* kann es zum Stammvokalwechsel zu -o- kommen.

To je obchodní d*ů*m Kotva. Maminka Petra Horáka pracuje v obchodním domě Kotva.
Tady je st*ů*l. U stolu je Jana.
To je Černý D*ů*l. Dědeček Evy bydlí v Černém Dole.

26 Lesen Sie laut und bestimmen Sie nach den Endungen der Substantive das Genus und das Musterwort!

N.	*Kdo*	bydlí v Praze?	Jana	bydlí v Praze.
	Co	je to?	To je hrad	Karlštejn.
	Jak	se jmenuje to město?	To město se jmenuje Brno.	
G.	*U koho*	bydlí Petr?	Petr bydlí	*u* babičky.
	U čeho	je hrad?	Hrad je	u města.
	Kde	je Jana?	Jana je	*vedle* Evy.
	Kam	chodí Eva?	Eva chodí	do školy.
	Odkud	se vrátí otec?	Otec se vrátí	*z* Prahy.
	Či	je to babička?	To je babička	Marka Nováka.
D.	*Komu*	telefonuje Jana?	Jana telefonuje	Evě.
	Ke komu	chodíš?	Chodím	*k* Pavlovi.
	Čemu	nerozumíš?	Nerozumím	slovu* „židle".
A.	*Koho*	má Christian v Berlíně?	Má v Berlíně	tatínka, maminku a bratra.
	Co	studuje Petr?	Petr studuje	matematiku.
	Kam	chodí Jana?	Jana chodí	na univerzitu.
V.	*(Anrede, oslovení)*		Milá	maminko!
			Ahoj,	Petře!
			Na shledanou,	Marku!
P.	*O kom*	mluvíte?	Mluvíme	*o* Petrovi.
	O čem	mluví Pavel?	Pavel mluví	o Praze.
	Kde	studuje Jana?	Jana studuje	na univerzitě.
	Kde	je Eva?	Eva je	v Ostravě.
	Kde	je univerzita?	Univerzita je	ve městě.
I.	*S kým*	mluví Christian česky?	Mluví česky	s Petrem.
	Za čím	je vaše škola?	Naše škola je	*za* obchodním domem Kotva.
	Kde	bydlí Věra?	Věra bydlí	za městem.
	Kde	je ten hrad?	Ten hrad je	*mezi* Prahou a Kolínem.

* slovo = das Wort

Ukažte, co umíte!

27 Beantworten Sie nach dem Text 1 folgende Fragen:

1. Kde a s kým bydlí Petr Horák? 2. Kde pracuje jeho otec a jeho matka? 3. Jak se jmenuje jeho bratr a jeho sestra? 4. Kdo je Christian Klein a co studuje? 5. Koho nemá Christian? 6. S kým mluví Petr česky?

28 Bilden Sie ähnliche Fragen und lassen Sie sie von Ihren Mitschülern beantworten!

29 Erklären Sie tschechisch folgende Verwandtschaftsbeziehungen:

Kdo je strýc? Kdo je teta? Kdo je babička? Kdo je dědeček? Kdo je vnuk? Kdo je vnučka? Kdo je bratranec? Kdo je sestřenice?

M Kdo je babička? Babička je matka matky nebo otce.

30 Lesen Sie laut und ergänzen Sie nach Übung 2:

Pan Václav Řehák má matku Martu a otce Františka, manželku Evu, dceru Petru a syna Roberta. Má také sestru Pavlu. Jeho sestra Pavla má syna Radka. Rodiče Evy se jmenují Josef Mašek a Věra Mašková.

Radek je . . . Petry. Pan Václav Řehák je . . . Pavly a . . . Radka. Pavla je . . . paní Marty Řehákové a pana Františka Řeháka. Petra je . . . a Robert je . . . Marty Řehákové. Radek je také . . . Marty Řehákové. Robert je . . . a Petra . . . Radka. Pavla je . . . Petry a Roberta. Eva je . . . Radka a . . . Petry a Roberta. Václav Řehák je . . . Evy. Je Pavla dcera pana Dvořáka? Ne, Pavla není . . . pana Dvořáka, je . . . pana Františka Řeháka. Je paní Marta Řeháková maminka Evy Řehákové? Ne, paní Marta Řeháková je . . . Václava Řeháka. Pan František Řehák je . . . Marty Řehákové. Má Eva Řeháková matku a otce? Ano, Eva Řeháková má . . . a . . . . Jak se jmenují rodiče Evy Řehákové? . . . Evy Řehákové se jmenuje Josef Mašek a . . . Evy Řehákové se jmenuje Věra Mašková.

31 Přeložte:

1. Ich habe keine Zeit. 2. Heute haben wir Tschechisch. 3. Hast Du einen Bruder oder eine Schwester? 4. Wir haben keinen Studenten in Leipzig. 5. Haben Sie in Prag eine Tante? 6. Er hat keinen Großvater und keine Großmutter.

32 Ergänzen Sie die Substantive im richtigen Fall:

1. Nemám (sestra), mám jen (bratr). 2. Můj bratr je žák, chodí do (škola). 3. Mluvíme doma o (Praha). 4. Alena bydlí u (dědeček). 5. Jeho žena pracuje s (pan Novák). 6. Telefonuji (babička). 7. Studujeme ve (škola) (matematika, němčina a čeština). 8. Mluvíme s (učitelka) o (škola). 9. Z (město) se vrátíme až večer. 10. V (Berlín) navštíví (zámek Köpenick). 11. Pavel telefonuje (pan Horák).

33 Fragen Sie tschechisch nach den in Übung 32 in Klammern stehenden Objekten!

M Máš bratra a sestru? Kam chodí tvůj bratr?

34 Suchen Sie aus dem Text 1 alle Verben heraus und verwenden Sie diese in Fragen und Antworten:

M Jak se jmenuješ? Jmenuji se Thomas.
Učí se Petr německy? Ano, učí se německy.

35 Bilden Sie richtige Formen:

1. (bydlit – 1. Ps. Sg.) v (Berlín). 2. Petr Horák (bydlit) v (Praha). 3. Pan Novák (pracovat) ve (škola). 4. Bratr (Petr Horák) (chodit) do (škola). 5. (Navštívit – 1. Ps. Pl.) (Praha). 6. Jak (jmenovat se) ten obchodní dům? 7. Moje sestra (studovat) v (Lipsko). 8. Ve (škola) (učit se – 1. Ps. Pl.) česky. 9. (Mluvit – 2. Ps. Sg.) s (Petr) česky? 10. Můj kamarád (studovat) na (univerzita) (čeština) a (němčina). 11. Kdo už (rozumět) česky? 12. Co (říkat – 2. Ps. Sg.)?

36 Ergänzen Sie den Text und übertragen Sie ihn schriftlich ins Tschechische!

Ich gehe in die ....-Schule. In der Schule lernen wir auch Tschechisch. Ich wohne in ...... mit der Mutter, dem Vater und dem Bruder. Ich habe keine Schwester. Mein Bruder ist Student. Er studiert an der Universität .... Mein Vater ist ...... Meine Mutter arbeitet .... Mein Freund heißt .... Sein Bruder ist Schüler.

37 Verneinen Sie alle in Frage kommenden Sätze der Übung 35:

38 Ergänzen Sie:

– „......Petře!"
– „......Marku! Jak se máš?"
– „......dobře."
– „...... zítra čas?"
– „Nemám. ...... přijede můj kamarád Matthias z Berlína."

– „. . . . česky?“
– „Ano, učí se česky a už také dobře česky . . . . .“

39 Nabídka dne

Lesen Sie still und versuchen Sie, mit Hilfe des Wörterbuches den Inhalt des Textes vollständig zu erfassen:

Diakritický pravopis češtiny, zavedený Mistrem Janem Husem, je ze 14. (čtrnáctého) století. Má čárku (´) k označení délky vokálů – í, é, á, ó, ú –, dále kroužek (˚) – pro ů, vzniklé z o – a háček (ˇ) k označení měkkých konsonantů (ž, š, ď . . .)

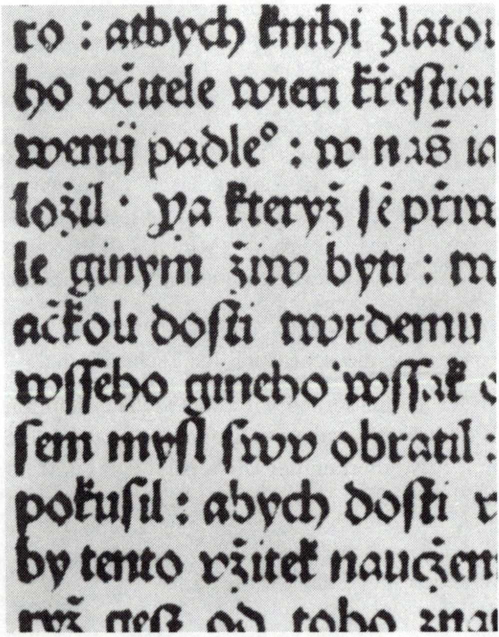

ro : abych knihi zlato
ho včitele wiery křeſtian
wemij padle : w nas ia
ložil · ya kteryž ſe přim
le ginym žiw byti : m
ačkoli doſti twrdemu
wſſeho gineho wſſak
ſem myſl ſwu obratil :
pokuſil : abych doſti
by tento vžitek naučen
ryž geſt od toho zna

40 Hádejte:

U stolu jsou: 2 matky, 3 dcery, 1 syn, 2 sestry, 1 bratr, 2 vnučky, 1 vnuk a 1 babička. Kolik osob* je u stolu?

* wieviel Personen

41 Lesen Sie laut und ergänzen Sie fehlende Wörter:

Frau Horák zeigt Jana eine alte Fotografie und sagt:
To je moje babička a můj dědeček. Vedle babičky je moje maminka, *tvoje* .... Mezi ...... a ...... je sestra maminky, ... teta. Za tetou je .... maminky, můj .... Vedle dědečka je také ..... maminky.

42 Erzählen Sie über Ihre Familie! Nutzen Sie dazu die Lexik der Übung 2.

43 Prägen Sie sich die Lexik ein!

až	erst
babička, -y f.	Großmutter, Oma
bratr, -a m.	Bruder
co	was
český	tschechisch
česky (Adv.)	tschechisch
čeština, -y f.	das Tschechische, die tschechische Sprache
dědeček, -a m.	Großvater, Opa
děkovat II, děkuji	danken, danke
do + Gen.	in
dobře (Adv.)	gut
dům, domu m.	Haus
obchodní dům	Warenhaus
v obchodním domě	im Warenhaus
doma	zu Hause
chodit III	gehen
chodit do školy	in die Schule gehen, die Schule besuchen
jeho	sein, seine, sein

jen/jenom	nur
ještě	noch
k/ke + Dat.	zu
kam	wohin
kamarád, -a m.	Freund
matematika, -y f.	Mathematik
matka, -y f.	Mutter
maminka, -y f.	Mutti
mezi + Instr.	zwischen
milý	lieb
mít, mám . . . mají	haben
mluvit III	sprechen
můj, moje, moje	mein, meine, mein
na + Akk., Präp.	auf, an
náš, naše, naše	unser, unsere, unser
navštívit + Akk. III	besuchen
němčina, -y f.	das Deutsche, die deutsche Sprache
německy (Adv.)	deutsch
o + Präp.	von, über
odkud	woher
otec, -e m.	Vater
tatínek, -a	Vati
pán, -a m.	Herr, Mann
paní, -í f.	Frau
pracovat II	arbeiten
prodavačka, -y f.	Verkäuferin
prosit III	bitten, bitte
rodina, -y f.	Familie
rok, -u m.	Jahr
s + Instr.	mit
sestra, -y f.	Schwester
studovat II	studieren
stůl, stolu, m.	Tisch
škola, -y f.	Schule
ve škole	in der Schule
tady	hier
telefonovat + Dat. II	telefonieren
zatelefonovat + Dat II, v.	
tvůj, tvoje, tvoje	dein, deine, dein
u + Gen.	bei, an
učit se III	lernen
učitel, -e m.	Lehrer
učitelka, -y f.	Lehrerin
univerzita, -y f.	Universität
studovat na univerzitě	an der Universität studieren
už	schon
váš, vaše, vaše	euer
večer, -a m.; večer (Adv.)	Abend; abends
vedle + Gen.	neben
vrátit se III	zurückkehren
z + Gen.	aus

za + Instr.	hinter
zítra	morgen
žák, -a m.	Schüler
žena, -y f.	Frau

Prägen Sie sich die Wendungen ein:

Jak se máš?	Wie geht es dir?
Mám se dobře/špatně.	Mir geht es gut/schlecht.
Ty se máš!	Du hast es gut!
Máš dnes čas?	Hast du heute Zeit?
Nemám čas.	Ich habe keine Zeit.
být na rok v . . . (Praze)	für ein Jahr in . . . (Prag) sein
chodit do školy	in die Schule gehen
Ahoj!	Grüß dich!/Tschüß!
Na shledanou!	Auf Wiedersehen!
inženýr	Ingenieur

Verben, Verwandtschaft, Berufe

3

Na návštěvě

1 *Petr otevírá dveře a podává* Christianovi *ruku*: Ahoj, Christiane!
Vítám tě v Praze. *Pojď dál a odlož si!*
Maminko, to je můj *přítel* Christian Klein z Berlína.
Christian: Dobrý den, paní Horáková.
Paní H.: Dobrý den, Christiane. Vítám *vás* u *nás. Těší mě, že vás poznávám.*
Můžu vám něco nabídnout? Určitě už máte *hlad* a *žízeň.*
Dáte si kávu nebo čaj?
Christian: Kávu, prosím.
Petr: Pojď, Christiane. Káva je na stole a Jana už *nese koláč.*
Kufr necháme v *předsíni.*
Paní H.: Pojďte ke stolu a posaďte se! Přeji vám dobrou chuť.
Christian: Děkuji vám za hezké přivítání, paní Horáková. *Moc se mi u vás líbí.*
Paní H.: To jsem ráda. Petr vám *potom ukáže* náš *byt.*

Opravdu, změnilo se to tu k nepoznání! Když jsme u vás byli posledně, stál tady francouzskej koňak!

2 Co se často říká

Vítáme vás! Vítám tě! — Herzlich willkommen!
To jsem rád! To jsem ráda! — Das freut mich! Da bin ich froh!

Vítáme vás! Vítám tě!	Herzlich willkommen!
To jsem rád! To jsem ráda!	Das freut mich!
	Da bin ich froh!
Pojďte dál! Pojď dál!	Kommen Sie herein! Komm herein!
Těší mě.	Es freut mich. Angenehm.
Dobrou chuť!	Guten Appetit!
Děkuji.	Danke
Prosím.	Bitte.
Ahoj!	Grüß dich! Tschüß!

Brousek pro tvůj jazýček

3 Aussprache des Diphthongs *-ou*
Lesen Sie laut:

pouze	dobou	letoun	utečou
mouka	nesou	Beroun	načešou
houska	berou	kocour	velikou
loutka	malou	donesou	veselou
moudrost	klobouk	vylezou	smutnou

Paní Horáková mluví s Janou *před* jídelnou*.
„Káva je už na stole. Přeji vám dobrou chuť. Ale před kávou ještě Petr ukáže Christianovi byt.“

4 Žádný učený z nebe nespadl a proto cvičíme znovu:

Lesen Sie laut:

dotyčný	dotyční	stíny	stíní
sudý	sudí	hrdý	hrdí

* vor dem Speisezimmer

chudý	chudí	hustý	hustí
tlustý	tlustí	pátý	pátí
sytý	sytí	umytý	umytí
letitý	letití	zabitý	zabití
rozbitý	rozbití	prostý	prostí

Kámen úrazu,
a proto:
s chutí do
toho a půl
je hotovo

5 Jak ty mně, tak já tobě

Deklination der Personalpronomen *já, ty, my, vy*:

N.	já	ty	my	vy
G.	mne, mě	tebe, tě	nás	vás
D.	mně, mi	tobě, ti	nám	vám
Akk.	mne, mě	tebe, tě	nás	vás
V.	–	–	–	
P.	o mně	o tobě	o nás	o vás
I.	mnou	tebou	námi	vámi

6 Ergänzen Sie die Deklination des Personalpronomens *vy!*

Zapište si za uši:

7 Nach einer Präposition bzw. wenn auf dem Pronomen ein gewisser Nachdruck liegt, sind die *langen Formen* zu verwenden. Die *kurzen Formen mi, ti, mě, tě* können nicht am Satzanfang stehen (vgl. se, si).

Lesen Sie laut:

Říkám ti to. Říkám to tobě. Tobě nabídnu koláč. Nabídnu ti koláč. Kávu nabídnu tobě. Vítám tě. Tebe vítám také. Líbí se mi u tebe. Přijedou ke mně. Navštíví mě. Nerozumí ti. Mně také nerozumí.

8 Ergänzen Sie die passenden Personalpronomen:

1. Těší . . . . 2. Vítám . . . . 3. Děkujeme . . . . za hezké přivítání. 4. Přeji . . . . dobrou chuť! 5. Říkám to . . . .! 6. Mluvíte o . . . .? Ne, o . . . . nemluvíme, mluvíme o Petrovi. 7. Navštívíte . . . .? 8. Ukážeme . . . . náš byt. 9. Mluvím s . . . .! 10. Nesu . . . . kávu. 11. Jsem rád, že . . . . poznávám. 12. Kde je Jana? Je za . . . . 13. Telefonuje . . . ..

. . . a ještě jeden kamínek

Besonderheiten bei der Konjugation

9 Petr otevírá dveře a říká: „Vítám tě u nás, Christiane!“

Beim I. Konjugationstyp kommt es außer bei der 3. Ps.Pl. zur Dehnung des Vokals *a*.
Lesen Sie laut:

Těší mě, že vás	poznávám.	
	Říkáš,	že přijede Matthias?
Petr	otevírá	dveře.
	Vítáme	tě u nás, Christiane.
	Necháte	kufr v předsíni?
Petr a Jana	vítají	Christiana v Praze.

10 Ergänzen Sie:

Petr ..... dveře a .....: ....., tě, Christiane. Christian .....: Dobrý ....., paní Horáková. Paní Horáková .....: ....., Christiane. Jsem ráda, že vás .....

11 Rozumějí už česky?

Beim Konjugationstyp III haben einige Verben, z. B. rozumět, in der 3. Ps.Pl. die Endung *-ějí/ -ejí:* rozum*ějí.*

Christianovi rozumím, ale Petrovi ne.

Zapište si za uši:

Das Verb „rozumět“ verlangt den Dativ!

12 Ergänzen Sie schriftlich:

Rozumíš ....., co říkám? 2. Nerozumím ....., mluvíš česky a já ještě česky nerozumím. 3. ..... rozumím dobře. Christian se mnou mluví německy. 4. Rozumíte .....? 5. Vy mluvíte dobře česky, ... rozumíme.

... a ještě jeden oříšek

13 Jana už nese kávu. Nabídne nám také koláč. A potom ti ukážu náš byt.

Beim Konjugationstyp IV kommt es häufig zu Veränderungen im Verbalstamm, so z. B.:
– zum Konsonantenwechsel: z → ž, s → š, k → č

ukáz-at Zeigen + Dat.

	Ukážu	ti náš byt.
	Ukážeš	mi Prahu, Petře?
Jana ti	ukáže	univerzitu.
	Ukážeme	vám Prahu.
	Ukážete	mi vaši školu?
	Ukážou	nám, kde bydlí Petr.

– zur Kürzung des Stammvokals:

	*né*s-t	
	Nesu	ti telegram.
	Neseš	mi koláč, Petře?
Jana už	nese	kávu
	Neseme	kufr.
Co to	nesete?	
	Nesou	nám čaj.

– zur Veränderung des Diphthongs *ou* zu *u* in der 1. Ps. Sg.:

	nabíd-n*ou*t	
	Nabídn**u**	ti kávu.
	Nabídneš	nám čaj?
	Nabídne	vám koláč.
	Nabídneme	vám pivo.
	Nabídnete	nám limonádu.
Určitě	nabídnou	Christianovi kávu a koláč!

Ukažte,
co umíte!

14 Ergänzen Sie und lesen Sie mit verteilten Rollen:

Petr: Pavle, zítra nás . . . . . . můj přítel z Berlína.
Pavel: Jak se . . . . .?
Petr: . . . . . . se Christian.
Pavel: A dál?
Petr: Christian Klein.
Pavel: Kde pracuje?
Petr: Christian ještě studuje v Berlíně. . . . také česky a je teď na rok v Praze.
Pavel: . . . s tebou česky nebo německy?
Petr: Se mnou . . . česky. Mluví už dobře.
Pavel: A rozumí ti?
Petr: . . . . mi také už dobře.

15 Setzen Sie die Verben und die Pronomen in die erforderliche Form:

1. Jana a Petr (ukázat) Christianovi byt. 2. (Vítat – 1. Ps. Pl.) (vy)! 3. Pavel (říkat), že Christian přijede zítra. 4. Maminka (nést) kávu a koláč. 5. Kam (nést – 2. Ps. Sg.) ten kufr? 6. Kufr (nechat – 1. Ps. Pl.) v předsíni. 7. (Ukázat – 2. Ps.

Pl.) (my) vaše město? 8. (Nabídnout – 1. Ps. Pl.) (ty) pivo. 9. Co (říkat – 2. Ps. Pl.)? 10. Těší (já), že (vy) (poznávat).

16 Übersetzen Sie:

1. Peter öffnet die Tür. 2. Wir begrüßen Christian. 3. Pavel trägt den Koffer. 4. Wo lassen wir den Koffer? 5. Eva bringt den Kaffee und den Kuchen. 6. Kann ich Ihnen Tee anbieten? 7. Wir zeigen Ihnen die Stadt. 8. Zeigst du mir Prag? 9. Ich verstehe dich nicht. 10. Ich verstehe dich gut.

17 Ergänzen Sie die Verbformen!

1. Navštív___ nás zítra Christian, Petře? Ano, zítra přijed___ do Prahy a navštív___ nás.
2. Jana nám nes___ kávu a koláč a říká: Přej___ vám dobrou chuť!
3. Líb___ se ti v Praze?
4. Petře, mluv___ s Christianem německy? Ne, s Christianem mluv___ česky. Mluv___ Christian dobře česky?
5. Christian s tebou mluv___ německy Pavle? Ano. A rozum___ Christianovi?
6. Pojďte dál a odložte si. Ukáž___ vám náš byt.
7. Bydl___ v Brně, pane Nováku? Ne, nebydl___ v Brně, bydl___ v Praze jako vy, pane Horáku.
8. Kde pracuj___ pan Horák a paní Horáková? Pan Horák pracuj___ ve škole.
9. Má___ dnes češtinu nebo němčinu? Dnes má___ češtinu i němčinu.
10. Má___ hlad a žízeň, Christiane? Můžu ti něco nabíd___ ?
11. Navštív___ zítra Marka, co řík___ ?Dobře, rád.
12. Petr řík___ Christianovi: Ahoj, pojď dál a odlož si!

18 Fügen Sie den einzelnen Sinneinheiten der Übung 18 noch etwas hinzu.

M
1. . . . a navštíví nás. To jsem rád.
2. . . . dobrou chuť! Děkujeme, Jano!

19 Schreiben Sie nach Diktat. Achten Sie dabei auf die Quantität der Vokale!

1. Paní Horáková otevírá dveře. 2. To je můj přítel. 3. Vítám vás u nás. 4. Těší mě, že vás poznávám. 5. Dáte si kávu? 6. Děkuji vám za hezké přivítání. Moc se mi u vás líbí.

20 Übersetzen Sie:

Guten Tag! Herzlich willkommen! Kommen Sie herein. Legen Sie bitte ab. Es freut mich, Sie kennenzulernen. Kann ich Ihnen einen Tee anbieten? Setzen

Sie sich bitte. Wie geht es Ihnen? Danke, gut. Es gefällt mir bei Ihnen sehr. Ich wünsche Ihnen guten Appetit.

21 Bilden Sie die Sätze der Übung 20 mit der 2. Ps. Sg.

22 Bereiten Sie ein Gespräch zum Thema „Uvítání hostů“ vor!

23 Lesen Sie die Gespräche mit verteilten Rollen!

24 Nabídka dne

Lesen Sie still und versuchen Sie, mit Hilfe des Wörterbuches den Sinn zu erschließen!

Člověk je tvor společenský

České pozdravy jsou hlavně: *Dobrý den! Ahoj! Na shledanou!* Platí, že mladší zdraví staršího, muž zdraví ženu. „Dobrý den“ říkáme při setkání, „Na shledanou“ při loučení. Pozdrav „Ahoj“ používají osoby, které si tykají, obvykle i stejného věku, a sice při setkání i při loučení.
Při pozdravu se někdy podává ruka, hlavně při loučení. Ne ale tak často jako například v Německu.

25 Prägen Sie sich die Lexik ein:

byt, -u m.	Wohnung
čaj, -e m.	Tee
dál(e)	weiter
dávat, unv. I	geben, reichen
dát, v. I	
podávat/podat ruku	die Hand reichen
dveře, -í (Pl.) f.	Tür
hlad, -u m.	Hunger
já	ich
káva, -y f.	Kaffee
koláč, -e m.	Kuchen
kufr, -u m.	Koffer
líbit se III	gefallen
limonáda, -y f.	Limonade
moc, mnoho	viel
my	wir

Zdravíčko, Bedřichu! To je dobrý, nevstávej.

nabídnout IV, v.	anbieten
nechat	lassen
nést IV, nesu . . . . nesou	tragen
otevírat, unv. I	öffnen
otevřít v. IV	
potom	dann
poznávat, unv. I	kennenlernen, erkennen
poznat, v. I	
před + Instr. (kde?)	vor
předsíň, -ě f.	Flur, Korridor
přítel, -e m.	Freund
teď	jetzt
telegram, -u m.	Telegramm
ty	du
ukázat, v. IV ukážu	zeigen
určitě	sicher
vítat I unv.	begrüßen
přivítání, -í n.	Begrüßung
uvítání, -í n.	Begrüßung
vy	ihr; Sie (in der Anrede)
za + Akk.; za + Instr.	für; hinter
že	daß
žízeň, -ě f.	Durst

Prägen Sie sich die Wendungen ein:

Dáte si (dáš si) kávu?	Trinken Sie (trinkt ihr) (trinkst du) einen Kaffee?
Děkuji za hezké přivítání.	Ich danke für die nette Begrüßung.
Moc se mi u vás líbí.	Es gefällt mir bei Ihnen (euch) sehr.
Můžu vám (ti) něco nabídnout?	Kann ich Ihnen (euch) (dir) etwas anbieten?
Odlož si! Odložte si!	Leg ab! Legen Sie ab! (Legt ab!)
Pojď dál! Pojďte dál!	Komm herein! Kommen Sie herein! (Kommt herein!)
Posaď se! Posaďte se!	Nimm Platz! Nehmen Sie Platz! (Nehmt Platz!)
Přeji vám (ti) dobrou chuť!	Ich wünsche Ihnen (euch) (dir) einen guten Appetit!
Těší mě, že vás (tě) poznávám.	Es freut mich, Sie (euch) (dich) kennenzulernen.
To jsem rád(a)!	Da bin ich froh!
Vítám vás (tě)!	Seien Sie (sei) willkommen!

4

V hotelu

1 *Christian:* Děkuji za přivítání, za kávu a koláč, paní Horáková.

Paní H.: Máme *radost*, že jste tady a *doufáme*, že nás *zase brzy* navštívíte. *Třeba hned* zítra večer, to bude doma také můj *muž*.

Christian: Děkuji za *pozvání*, paní Horáková.

Petr: Kde budeš v Praze bydlit, Christiane?

Christiane: Od *příštího týdne* mám mít *pokoj* ve *studentské koleji*. *Zatím ale* budu bydlit v hotelu Slavík. *Nevím* ale, kde to je.

Petr: Já to vím, *znám* ten hotel, *pojedu* tam s tebou.

Christian: To jsi hodný, v Praze se ještě dobře *nevyznám*.

PROSIL BYCH JEDNOLŮŽKOVÝ POKOJ S VÝHLEDEM DO HLUBOKÉHO LESA.

V hotelu (v recepci):

Christian: Dobrý den! Jsem Christian Klein. Mám u vás *objednaný* pokoj.

Recepční: Hned se *podívám*. Christian Klein, ano, tady to mám. Máte *jednolůžkový pokoj číslo* 112. *Vyplňte* prosím tento *lístek*. Potom vám dám *klíč od* pokoje.

Christian: Petře, *pomůžeš mi vyplnit ten formulář?*
Petr: Samozřejmě. Vyplním to s tebou.
Petr: Už to máš, Christiane?
Christian: Ano.
Petr: Ne, nemáš. *Máš* to ještě tady *podepsat.*
Christian: Hned to podepíšu. A teď *můžu* ten lístek *odevzdat.*
Recepční: Váš *pas*, prosím. Děkuji. Tady je váš klíč. *Přeji vám hezký pobyt v našem hotelu.*

Přihlašovací lístek

Pobyt od: ____________________ do: __________

Příjmení: ______________________________

Jméno: ______________________________

Rodné jméno: ______________________________

Datum a místo narození: ______________________________

Státní příslušnost: ______________________________

Povolání: ______________________________

Zaměstnavatel: ______________________________

Bydliště: ______________________________

Číslo pasu: ______________________________

pro statistické účely: ______________________________

služební cesta[1])

soukromá cesta[1])

1) Nehodící se škrtněte

Brousek
pro
tvůj jazýček

2 Üben Sie die korrekte Aussprache der Konsonanten p, t, k:
Lesen Sie laut:

káva, koláč, paní Horáková, pozvání, kolej, ten, s tebou, to, pokoj, pomůžeš mi?, Petr, povolání, podpis, pas, podepište se, pobyt

3 A ještě jednou *d, t, n* a *ď, ť, ň*.

Teď už nám to půjde jako po másle:

přivítání	pozvání
tady	rádi
paní Horáková	zatím
ještě	podívám se
navštívit	od příštího týdne

Christian mluví s paní Horákovou:

– Děkuji za přivítání a za pozvání, paní Horáková.
– Jsme rádi, že jste tady, Christiane. Doufáme, že nás zase brzy navštívíte. Kde budete bydlit?
– Od příštího týdne v koleji. Zatím ale v hotelu. Podívám se, jak se ten hotel jmenuje. Aha, tady to mám, jmenuje se Slavík.
Podívám se také, kde to je. V Praze se ještě dobře nevyznám, ale Petr mi pomůže, pojede se mnou.

Kámen úrazu?
Ale kdepak:
s chutí do
toho a půl
je hotovo

4 Můj muž je v pokoji. Má radost. Píše píseň o moři a růži.

Deklination weicher Substantive im Singular

Maskulinum		Neutrum	Femininum		
belebt	unbelebt				
muž	pokoj	moře	růže	píseň	radost
muže	pokoje	moře	růže	**písně**	**radosti**
muži, -ovi	pokoji	moři	růži	písni	radosti
muže	wie Nominativ		**růži**	wie Nominativ	
muži!	pokoji!	wie Nominativ		písni!	radosti!
muži	pokoji	moři	růži	písni	radosti
mužem	pokojem	mořem	růží	písní	radostí

5 Lesen Sie laut:

N	Můj	muž	bude doma zítra večer.
	To je váš	pokoj.	
	Tady je	klíč	od pokoje.
	To je	kolej	Větrník.
	Líbí se ti ta	píseň?	
G	Tady je klíč od	pokoje.	
	Christian nese kufr do	koleje.	
	Moje babička bydlí u	moře.	
	Je z	vesnice.	
D.	Rozumíš tomu	formuláři?	
	Nesu kávu	Alici.	
	Píše text k	písni.	
A.	Navštívíme	Lipnici.*	
	Znám	mládež	dobře.
	Mám	radost.	
	Znám	otce	Petra Horáka.
	Óda na	radost	je od Beethovena.
	Děkuji za	koláč.	
V.	Dobrý den,	Alice!	
	Kdo to je,	Miloši?	
	Ahoj,	Matthiasi!	
P.	Budeš bydlit v	koleji,	Christiane?
	Jana je v	pokoji.	
	Mluvíme o	muži	Věry.
	To je píseň o	moři.	
I.	Miloš chodí za	Alicí.	
	Jiří bydlí za	vesnicí	a chodí také s Alicí.
	Paní Bártová s	mužem	navštíví Prahu.
	Christian je před	pokojem.	

6 Bilden Sie zu den Sätzen aus Übung 5 mit Hilfe von *kdo, co, kde, kam* passende Fragen.

M Kdo bude doma zítra večer?
Můj muž bude doma.

* Lipnice – Stadt in Böhmen

7 Bestimmen Sie das Genus der Substantive und bilden Sie mit Ihnen kurze Sätze:

předsíň, koláč, žízeň, pokoj, klíč, radost, formulář

M Kufr je v předsíni.
Nesu kávu do pokoje.

Bilden Sie die richtigen Formen:

8 1. Kdo má (žízeň)? 2. Maminka nese (káva a koláč). Děkujeme za (káva a koláč). 3. Moje sestra je v (pokoj). 4. Dáme tvůj (kufr) do (předsíň). 5. Ve (škola) mluvíme s (učitel) česky. 6. Moje babička bydlí u (moře). 7. Kufr nechám v (předsíň).

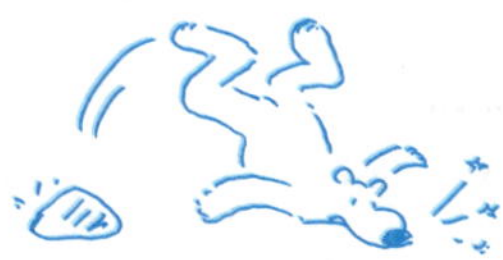

. . . ještě jeden kamínek

9 *Jaké* máte *povolání*?

Deklination der Neutra mit -í Auslaut im Singular und Plural:

	Sg.	Pl.
Nom.	povolání	povolání
Gen.	wie Nom.	wie Nom.
Dat.	wie Nom.	povolání**m**
Akk.	wie Nom.	wie Nom.
Vok.	wie Nom.	wie Nom.
Präp.	wie Nom.	o povolání**ch**
Instr.	povolání**m**	s povolání**mi**

Lesen Sie laut:
Jsem povoláním důstojník. Jsem důstojníkem z povolání. Je to zajímavé povolání.

. . . . a ještě několik tvrdých oříšků

10 Víte, že . . . . .

Mehrere häufig gebrauchte Verben weisen bei der Konjugation Veränderungen des Stammes auf.

Pomůžeš mi vyplnit ten formulář?

Wie bereits auf S. 40 erwähnt wurde, kommt es beim IV. Konjugationstyp zu unterschiedlichen Veränderungen im Stamm.
Dieses können wir auch bei folgenden Verben beobachten:

moci		*psát*	
Můžu	vám pomoci?	Píšu	dopis
Můžeš	mi dát klíč?	Píšeš	česky?
Pomůže	mi s formulářem.	Píše	německy.
Pomůžeme	ti s radostí.	Píšeme	Matthiasovi.
Můžete	mne navštívit?	Píšete	často dědečkovi?
Pomůžou	Janě s kufrem.	Píšou	už dobře.

být (Futurform)

Budu	večer doma.
Budeš	bydlit v koleji?
Bude	rok v Praze.
Budeme	v hotelu.
Budete	zítra u Pavla?
Budou	mít radost.

Přejete si čaj nebo kávu?

Zum II. Konjugationstyp gehört das Verb *přát, přát si.*

	Přeji	vám hezký pobyt v našem hotelu.
Co si	přeješ?	
	Přeje	si kávu.
	Přejeme	vám jen radost.
	Přejete	si jednolůžkový nebo dvoulůžkový pokoj?
	Přejí	si dvoulůžkový pokoj.

11 Víš, kde je ten hotel?

Das Verb *vědět* wird unregelmäßig konjugiert:

	Vím,	kde bude Christian bydlit.
	Víš,	kde je ten hotel?
Petr	ví,	kde to je.
	Víme	to dobře.
	Víte,	jak se ten žák jmenuje?
	Vědí,	že je z Berlína.

Pohled z Celetné ulice na Staroměstské náměstí

... a ještě nedáme pokoj

12 Kde budeš v Praze bydlit?

Das Futur imperfektiver Verben setzt sich aus der Futurform des Verbs sein (být) und dem Infinitiv des imperfektiven Verbs zusammen:

Budu ještě *telefonovat.*
Budeš si přát kávu?
Budou se učit česky.

13 Übertragen Sie die Sätze ins Futur:
1. Učíme se česky. 2. Bydlíte v hotelu? 3. Telefonuji Christianovi. 4. Studuje v Praze. 5. Pracuješ v obchodním domě? 6. Přejí si kávu a koláč. 7. Mluvíme s paní Horákovou česky. 8. Rozumíš nám? 9. Studují matematiku. 10. Píšu dopis babičce.

1. učit se
2. bydlit
3. telefonovat
4. studovat
5. pracovat
6. přát
7. mluvit
8. rozumit
9. studovat
10 psát

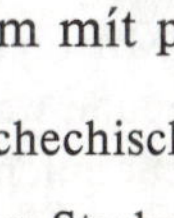

14 Zapište si za uši!

Od příštího týdne mám mít pokoj ve studentské koleji.

Das Verb *mít* hat im Tschechischen die Bedeutungen „haben“ und „sollen“.

1. Hast du ein Zimmer im Studentenwohnheim? Nein, ich habe noch kein Zimmer. Ab nächste Woche soll ich ein Zimmer im Studentenwohnheim haben.
2. Hat Christian schon ein Formular? Ja, er hat schon eins. Er soll das Formular unterschreiben und abgeben.
3. Haben Sie den Zimmerschlüssel? Nein, wir haben den Schlüssel noch nicht.

15 Co musíme vědět i umět

Čím je pan Horák?

Nach dem Beruf fragt man im Tschechischen *Čím je …? Čím jste?* Die Bezeichnung des Berufes in der Antwort steht jedoch häufig im Nominativ.

Čím je pan Horák?	Pan Horák je učitel.
Čím je paní Kleinová?	Paní Kleinová je učitelka.
Čím je pan Klein?	Pan Klein je inženýr.
Víte, čím je pan Novák?	Ano, vím. Pan Novák je inženýr.

16 Jaká povolání znáte?

dělník – dělnice	(Arbeiter-, -in)
zemědělec	(Landwirt)
úředník – úřednice	(Büroangestellter, -angestellte)
důstojník	(Offizier)
řemeslník	(Handwerker)
lékař – lékařka	(Arzt – Ärztin)

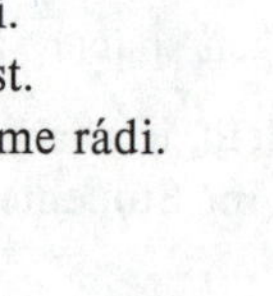

17 Co se často říká

S radostí.	Gern. Mit Freude.
Máme po radosti.	Die Freude war kurz.
Mám z vás radost.	Ich freue mich über Sie.
Máme radost. Jsme rádi.	Wir freuen uns.

Zapište si za uši:

Mám z tebe radost

mít radost z čeho (Gen.)

Ukažte
co umíte!

18 Bilden Sie Sätze:

děkovat	babička	přivítání	student	koláč
	Jana	pozvání	učitel	limonáda
	ty, vy	káva	maminka	telegram
			Pavel	dopis

M Pavel děkuje Janě za telegram.

19 Ergänzen Sie die Verbformen:

1. Kdo (nést) kufr? 2. Kam (nést) můj kufr? 3. Moje maminka nám (nést) kávu. 4. Co si (přát – 2. Ps. Pl.)? 5. Pavel nám (přát) hezký pobyt v Praze. 6. (Moci – 1. Ps. Pl.) vám to ukázat. 7. Petře, (moci) mi pomoci? 9. Ano, samozřejmě ti (pomoci). 10. Moje maminka (psát) dopis babičce. 11. (Psát – 2. Ps. Sg.) mu často? 12. Co (dělat) Christian? Christian (otevírat) dveře. 13. Ještě (podepsat se). 14. (Dát – 1. Ps. Sg.) vám klíč od pokoje. 15. Komu (odevzdat) ten lístek? 16. (Děkovat – 1. Ps. Sg.) vám za pozvání. 17. (Vědět – 1. Ps. Sg.), co říkám. 18. To (nevědět). 19. (Nevědět), kde je ten hotel? 20. (Vědět – 3. Ps. Pl.) dobře, kde to je. 21. Petr (vědět), kde Christian bydlí. 22. (Vědět) co? Navštívíme Miloše. 23. Jak to (vědět)? 24. (Vědět), že ano.

20 Ergänzen Sie die Formen des Substantivs:

1. Pavla je z (vesnice) u (Lipnice). 2. Ten (koláč) nemám rád. 3. Co si přejete k (čaj)? 4. Československo nemá (moře). 5. Miloš bydlí s (Christian) v (kolej). 6. Máš (klíč) od (pokoj)? 7. Rozumíš tomu (formulář)? 8. Znáš (muž) Věry? 9. Rozumíte (Lucie)? 10. Pan Mašek má (dům) za (vesnice). 11. Mám (radost) z (pozvání).

21 Ergänzen Sie die fehlenden Futurformen:

1. ... dopis babičce. 2. ..... s Petrem česky? 3. .... matematiku nebo češtinu? 4. .... matematiku. 5. .... v obchodním domě nebo ve škole? 6. ... dnes večer Petrovi? 7. ..... kávu? 8. .... Pavlovi .....? 9. .... ještě večer .....? 10. ..... si .... pobyt v Praze.

22 Stellen Sie schriftlich mit einigen kurzen Sätzen Ihre Familienangehörigen vor (Name, Beruf, Wohnort).

23 Fragen Sie Ihre Klassenkameraden nach deren Eltern, Geschwistern und Freunden.

M Thomasi, jak se jmenuje tvoje maminka? Čím je tvůj otec?

24 Gestalten Sie einen Dialog „An der Rezeption“!

Hotel U tří pštrosů

25 Nabídka dne

Lesen Sie still und versuchen Sie, mit Hilfe des Wörterbuches die Hauptgedanken des Textes zu erfassen.

Hotel U modré hvězdy

Hotel U modré hvězdy, jeden z nejlepších pražských hotelů 19. (devatenáctého) století (1846 postaven, 1898 zbořen). 23.srpna 1866 byl zde podepsán takzvaný pražský mír mezi Rakouskem a Pruskem. Nyní je na tomto místě, blízko Prašné brány, mohutná bankovní budova.

26 Prägen Sie sich die Lexik ein!

ale	aber
brzy	bald
číslo, -a n.	Nummer
dopis	Brief
doufat I	hoffen
formulář, -e m.	Formular
hezký	schön, hübsch, nett
hned	gleich, sofort
hodný	lieb, nett
hotel, -u m.	Hotel
jaký	welcher
kolej, -e f.	Studentenwohnheim
klíč, -e m.	Schlüssel
lístek, -u m.	Schein, Karten
jet IV, jedu . . . jedou	fahren
pojedu	ich werde fahren
mít, mám . . . mají	haben; sollen
moci IV, můžu . . . můžou	können
moře, -e n.	Meer
muž, -e m.	Mann
od + Gen.	von, ab seit
odevzdat I	abgeben
podívat se I	nachsehen, ansehen
pokoj, -e m.	Zimmer

jednolůžkový p.	Einbettzimmer
dvoulůžkový p.	Zweibettzimmer
pomoci IV, pomůžu . . . pomůžou	helfen
pozvání, -í n.	Einladung
přát + Dat. + Akk. II	
přeji . . . . přejí	jemandem etwas wünschen
přát si II	sich etwas wünschen
povolání, -í n.	Beruf
příští	nächst, künftig
psát IV, píšu . . . píšou	schreiben
podepsat IV	unterschreiben
rád, -a, -o; Pl. -i, -y, -a	gern, froh
radost, -i f.	Freude
samozřejmě	selbstverständlich
studentský	studentisch, Studenten-
třeba	vielleicht, zum Beispiel
týden, -e m.	Woche
vědět, vím . . . vědí	wissen
vesnice; -e f.	Dorf
vyplnit III	ausfüllen
vyplňte!	Füllen Sie (füllt) aus!
zase	wieder
zatím	vorläufig
znát I	kennen
vyznat se I	sich auskennen

Prägen Sie sich folgende Wendungen ein:

Přeji vám hezký pobyt!	Ich wünsche Ihnen (euch) einen schönen Aufenthalt!
Mám u vás objednaný pokoj.	Ich habe bei Ihnen ein Zimmer bestellt.
důstojník, -a m.	Offizier
pas, -u m.	Paß
píseň, písně f.	Lied
písnička, -y f.	Liedchen
recepce, -e f.	Rezeption
růže, -e f.	Rose

Jaký má Christian pokoj?

1 Christian bydlí v hotelu Slavík. Jeho pokoj te *útulný, světlý* a *teplý*. Christian v něm má *velkou skříň na šaty, kulatý* stůl, *židli, psací* stůl s *pohodlným křeslem, postel, malou poličku na knihy, noční stolek*. Nad psacím stolem je *lampa*, na nočním stolku stolní lampa a *rádio. Naproti* skříni je polička na knihy. V pokoji je velké *okno* s *bílou záclonou*. Na podlaze je *červený koberec* a *pod* psacím stolem *koš na papír*. K pokoji *patří koupelna*, kde je *sprcha*, WC, *umývadlo* s teplou a *studenou vodou, zrcadlo* s malou poličkou na *toaletní potřeby*, a *věšák na ručníky*.
Christianovi se pokoj líbí, má v něm všechno, co *potřebuje.*

Kámen úrazu,
ale zase:
s chutí
do toho a
půl je hotovo

2 Ta naše písnička česká, ta je tak hezká, tak hezká ...

Deklination der Adjektive und der Pronomen im Singular

Maskulinum und Neutrum

	m. n.	m. n.	m. n.	m. n.	m. n.	m. n.
N.	mladý, mladé	jarní, jarní	můj, moje	náš, naše	on, ono	ten, to
G.	mladého	jarního	mého	našeho	jeho	toho
D.	mladému	jarnímu	mému	našemu	jemu	tomu
A.	Mask. belebt G., sonst N.				**jeho, je**	
V.	wie N.					
P.	mladém	jarním	mém	našem	o něm	tom
I.	mladým	jarním	mým	naším	jím	tím

Femininum

N.	mladá	moje	ta	jarní	naše	ona
G.	mladé	mé	té	jarní	naší	jí
D.	mladé	mé	té	jarní	naší	jí
A.	mladou	mou	**tu**	jarní	**naši**	**ji**
V.	wie N.					
P.	mladé	mé	té	jarní	naší	o ní
I.	mladou	mou	tou	jarní	naší	jí

Die Possessivpronomen tvůj und váš werden wie můj und náš dekliniert.

3 Zapište si za uši!

Im Tschechischen gibt es harte (z. B. *mladý, mladá, mladé*) und weiche Adjektive (z. B. *jarní, jarní, jarní*). Das Adjektiv steht beim Substantiv entweder als Attribut (in der Regel vor dem Substantiv) oder als Teil des nominalen Prädikats.

Christian má útulný pokoj. Pokoj je útulný.

In beiden Fällen kongruiert das Adjektiv mit dem Substantiv
– im Genus und Numerus: – im Genus, Numerus und Kasus

Skříň je velká.
Pokoj není velký.
Křeslo je pohodlné.

Je tu velká skříň.
Má malý pokoj.
U psacího stolu je pohodlné křeslo.

Nach Präpositionen erhalten die Formen der Pronomen *on, ona,* ono ein **n-** statt *j-* im Anlaut:

Mluvíme o **něm**.
Mluvíme s **ní**.
Jde k **němu**.
Vrátil se bez **něho**.

Für den Gebrauch der kurzen Formen der Personalpronomen *on, ono* **(ho, mu)** gelten gleiche Regeln wie beim Personalpronomen já, ty (Lektion 3).
Lesen Sie laut und begründen Sie den Gebrauch der jeweiligen Formen des Personalpronomens:

ke mně, k němu, u tebe
Říkám to hlavně jemu. Říkám mu to.
Jeho neznám. Znám ho.

4 Lesen Sie laut und gestalten Sie anschließend ein ähnliches Gespräch mit Ihrem Mitschüler:

Petr telefonuje Christianovi:
P.: Jak se ti líbí tvůj pokoj, Christiane?
Ch.: Moc se mi líbí, je teplý a světlý. A také je útulný. Na okně je bílá záclona, na podlaze červený koberec. Je u něho koupelna, to je pohodlné.
P.: Co v něm všechno máš?
Ch.: Mám v něm skříň na šaty, stůl, židli, psací stůl, postel, poličku na knihy. Mám v něm všechno, co potřebuji.

5 Bilden Sie die richtigen Formen des Adjektivs!

1. Bydlím ve (velký) hotelu. 2. Christian si přeje (světlý a útulný) pokoj. 3. V pokoji má (pohodlný) postel. 4. Vedle postele je (velký) skříň na šaty. 5. Na (červený) koberci je (psací) stůl s (pohodlný) křeslem. 6. V koupelně má (teplý a studený) vodu. 7. Tam je také (velký) umývadlo. 8. Nad umývadlem je (kulatý) zrcadlo s (malý) poličkou. 9. Co je ve (velký) skříni? 10. Na (psací) stole má Christian ještě (stolní) lampu.

6 Ergänzen Sie die Formen des Personalpronomens on:

1. Děkujeme .... za pěkné přivítání. 2. Vítáme .... v Praze. 3. Je k .... velmi hodný. 4. Petr s .... pojede do hotelu. 5. Petře, pomůžeš .... vyplnit ten formulář? 6. Christian .... telefonuje. 7. Mám s ..... bydlit v tvém pokoji. 8. Petr .... navštíví. 9. Nesu .... od ... knihu. 10. Přeji .... hezký pobyt. 11. Honza ..... ukáže Prahu. 12. Navštívím .... v Praze. 13. Mluvím s ... o .... 14. Nerozumím ....

7 Führen Sie die Übung 6 noch einmal durch, und ersetzen Sie die Formen von on durch die Formen von ona.

8 Ergänzen Sie die Formen des Possessivpronomens můj:

1. Christian navštíví .... kamaráda. 2. Ukáže ..., kamarádovi naše město. 3. Christian mluví s .... kamarádem německy. 4. Telefonujeme .... otci. 5. S .... kamarádem a s .... bratrem jdeme do kina.

Ersetzen Sie die Pronomen: a) můj durch tvůj
b) můj durch náš
c) můj durch moje
(und verändern Sie dementsprechend auch das Substantiv!)

9 Co musíme vědět i umět

Před oknem je stůl, na stole je kniha, u stolu je židle a naproti oknu jsou dveře.

Die Lokalpräpositionen auf die Frage *wo? kde?* verlangen den Genitiv, Dativ, Präpositiv oder Instrumental.

G. Kde je židle? Židle je **u** stolu.
Kde je noční stolek? Je **vedle** postele.

D. Kde jsou dveře? Jsou **naproti** oknu.

P. Kde je koberec? Koberec je **na** podlaze.
Kde je umývadlo? Je **v** koupelně.

I. Kde je psací stůl? Je **před** oknem.
Kde je křeslo? Křeslo je **za** stolem.
Kde je polička? Polička je **mezi** skříní a oknem.
Kde je lampa? Lampa je **nad** stolem.
Kde je koš na papír? Je **pod** psacím stolem.

10 Christian má v pokoji skříň na šaty a poličku na knihy.

Mit der Konstruktion: Substantiv + na + Akk.

wird im Tschechischen der Zweck, die Bestimmung einer Sache ausgedrückt.

Lesen Sie laut und übersetzen Sie:
polička na knihy, polička na toaletní potřeby, věšák na ručníky, koš na papír

Co se
často
říká

11 Das Wort pokoj bedeutet auch *Ruhe* und wird oft in Redewendungen gebraucht:

Dej mi pokoj!	Laß mich in Ruhe! Hör auf!
Chci mít pokoj.	Ich möchte meine Ruhe haben.
Nech ho na pokoji!	Laß ihn in Ruhe! Ärgere ihn nicht!

Ukažte,
co umíte

12 Verbinden Sie die Substantive mit den passenden Adjektiven.

skříň	teplý
lampa	bílý
postel	kulatý
pokoj	toaletní
koberec	noční
voda	velký
stolek	stolní
ručník	útulný
potřeby	malý
zrcadlo	pohodlný
polička	červený
záclona	psací
stůl	studený
sprcha	světlý

13 Ergänzen Sie passende Ausdrücke (Adjektive)!

Pokoj je .... a .... V pokoji je .... stůl. Je tam také .... polička. U stolu je .... křeslo. Okno v pokoji je .... Na okně je

. . . . záclona. Na podlaze je . . . . koberec. K pokoji patří . . . . koupelna. V koupelně je . . . . . . a . . . . voda.

14 Ergänzen Sie!

V pokoji je polička na . . . . a skříň na . . . . Na podlaze je koš na . . . . V koupelně je polička na . . . . a věšák na . . . .

15 Kde je . . .? Kde má být . . .?

Beantworten Sie die Fragen:
Kde má být ručník? Kde je věšák? Kde má být umývadlo? Kde je sprcha? Kde má být záclona? Kde má být koberec? Kde je lampa? Kde je noční stolek? Kde je pokoj Christiana? Kde je židle?

16 Beschreiben Sie die Lage der abgebildeten Gegenstände. Ordnen Sie sie in üblicher Weise und beschreiben Sie die neugeordneten Beziehungen:

M Kde je ručník? Ručník je na okně. A kde má být? Ručník má být na věšáku v koupelně.

17 Beschreiben Sie mit Hilfe der Präpositionen na, u, mezi, za, vedle, naproti, v, pod, nad, před ein Zimmer bei Ihnen zu Hause!

18 Bilden Sie mit Hilfe folgender Wörter schriftlich Sätze oder kurze Texte:

bydlit	k	klíč	hotel
mít	od	pokoj	on, já, ty, my, vy
být	s	koupelna	polička
mluvit	u	Praha	knihy
patřit	z	Petr	skříň
děkovat	o	radost	šaty
odevzdat	za	formulář	umývadlo
pomoci	do	pozvání	stůl
vítat	v	přivítání	Berlín
vyplnit	na	pan Horák	sprcha

M Děkuji ti za pozvání. Vítáme Christiana v Praze.

19 Versuchen Sie nun, aus den Wörtern der Übung 18 einen zusammenhängenden Text zu gestalten!

Opakování je matka moudrosti

20 Bilden Sie die richtigen Formen der Personalpronomen!
Christian mluví se (já) česky. Vítáme (vy). Znám (vy) dobře. Alena bydlí se (já) v koleji. Jana (já) nese kávu do pokoje. Nerozumím (ty), co říkáš. Petr s (ty) vyplní formulář. Pojedu s (vy) do hotelu. Mluvíme o (ty). Tu knihu mám od (vy). Nerozumíš (já)? Mám s (ty) mluvit německy? Máme z (vy) radost. Děkuji (vy) za pozvání. Doufáme, že (my) brzy navštívíte.

21 Ergänzen Sie die fehlenden Adjektive:

1. Mám v pokoji ..... křeslo. 2. U ..... křesla je .... stůl. 3. Kde je tvoje ..... křeslo? 4. Moje ..... křeslo je u okna. 5. Máš už ..... vodu v umývadle? 6. K umývadlu patří ..... zrcadlo. 7. Patří k zrcadlu také ..... polička? 8. Podívám se do ..... zrcadla. 9. Pod ..... zrcadlem je ..... umývadlo. 10. Na ..... stole je ..... lampa.

22 Übertragen Sie sinngemäß:

Christian ist bei Peter zu Besuch:
Petr: Guten Tag, Christian. Komm herein und leg ab. Ich freue mich, daß du da bist. Komm, ich stelle dich meiner Mutti vor.

Paní Horáková: Ich freue mich, daß ich Sie kennenlerne, Christian. Kann ich Ihnen einen Kaffee anbieten? Peter, zeigst du Christian dein Zimmer? Ich bringe Euch den Kaffee in dein Zimmer.

Petr: Das ist mein Zimmer. Ich habe einen großen Schreibtisch. An ihm arbeite ich gern.

Christian: Du hast es gut! Ich habe zu Hause nur einen kleinen Schreibtisch.

23 Gestalten Sie anhand folgender und ähnlicher Fragen ein Gespräch an der Rezeption:

Máte ještě dvoulůžkový pokoj?
Je to pokoj s koupelnou?
Kde můžu odevzdat klíč?
Co mám ještě vyplnit?

24 Nabídka dne

Tak vypadal hotelový pokoj hotelu Evropa v Praze na počátku tohoto století. Popište pokoj podle fotografie a řekněte, co je v něm ve srovnání s moderním hotelovým pokojem jiné, co v něm chybí, co už nepoužíváme apod.

25 Prägen Sie sich die Lexik ein!

bílý	weiß
červený	rot
jarní	Frühlings . . .
kniha, -y f.	Buch
koberec, -e m.	Teppich
koš, -e m.	Korb
koš na papír	Papierkorb
koupelna, -y f.	Bad
křeslo, -a n.	Sessel
kulatý	rund
lampa, -y f.	Lampe
stolní lampa	Tischlampe
malý	klein
mladý	jung
nad + Akk., (wohin?), + Instr. (wo?)	über
naproti + Dat.	gegenüber
noční	Nacht . . .
noční stolek	Nachttisch
okno, -a n.	Fenster
on, ona, ono	er, sie, es
patřit III	gehören
pod + Akk., + Instr.	unter
podlaha, -y f.	Fußboden
pohodlný	bequem
polička, -y f.	Regal
polička na knihy	Bücherregal
postel, -e f.	Bett
potřebovat II	brauchen, benötigen
psací	Schreib . . .
psací stůl	Schreibtisch
rádio, -a n.	Radio
ručník, -u m.	Handtuch
skříň, -e f.	Schrank
skříň na šaty	Kleiderschrank
sprcha, -y f.	Dusche
studený	kalt
světlý	hell
teplý	warm
toaletní potřeby	Toilettenartikel
umývadlo, -a n.	Waschbecken.
útulný	gemütlich
velký	groß
velmi	sehr
věšák, -u m.	Haken, Kleiderständer
věšák na ručníky	Handtuchhalter
voda, -y f.	Wasser
všechno	alles
záclona, -y f.	Gardine
zrcadlo, -a n.	Spiegel
židle, -e n.	Stuhl

6

Čím pojedeme?

1 *Petr:* Tak, jak se ti líbí tvůj pokoj, Christiane?

Christian: Moc. Je to hezký hotel a z okna mám *výhled do zelena.* Před hotelem je *park.*

Petr: To jsem rád. *Chceš* se mnou jet do města? Ukážu ti, jak se *dostaneš* do *centra.*

Christian: Vím, že před hotelem *jezdí tramvaj.* Ale nevím, *kterou* tramvají mám jet.

Praha –
Hlavní nádraží

Petr: To je jedno, kterou. Do centra můžeš jet *každou* tramvají. Můžeš *přestoupit* na *metro,* k metru je to jen jedna stanice, a jet dál metrem. Můžeš samozřejmě jít také k metru *pěšky.*

Christian: Petře, musím chodit do univerzitní knihovny. Můžeš mi ještě *říci,* jak se *tam* dostanu?

Petr: K univerzitní knihovně jezdí tramvaj číslo 17, my říkáme sedmnáctka. Pojedeš *směrem* do centra města.

Christian: V Praze jezdí jen tramvaj a metro?

Petr: Ne, můžeš také jezdit autobusem. Víš co, *tak* půjdeme *dneska* pěšky k metru a pojedeme metrem. *Nastoupíme* na stanici Vltavská.

Stanice metra Malostranská

V metru:

Christian: Co to říkají na každé stanici, nerozumím všem slovům.

Petr: Na každé stanici se ohlašuje jméno stanice, třeba: „Muzeum". Před odjezdem se hlásí: „Ukončete výstup a nástup, dveře se zavírají." A když se metro rozjede, pak se ohlašuje jméno příští stanice, např.: „Příští stanice Staroměstská." Na přestupních stanicích, třeba na Můstku ještě navíc: „Můstek. Přestupní stanice. Přestup na trasu B." A na konečné stanici se ohlašuje např.: „Dejvická. Konečná stanice. Prosíme, vystupte." To se pouští z pásku, je to na všech trasách stejné. To se stále stejně opakuje, budeš si to brzy pamatovat.

„... Ukončete výstup a nástup, dveře se zavírají. Příští stanice Hlavní nádraží.

Petr: Příští stanice je *Hlavní nádraží.* Tam *vystoupíme.* Půjdeme se projít po Václavském náměstí, nemusíme *spěchat. Zpátky pak* pojedeme zase metrem.

Christian: Kolik stojí jízdenka?

Petr: Každá jízdenka na tramvaj, autobus nebo metro stojí stejně – 4 *koruny.*

Christian: Kde všude si můžu jízdenku *koupit?*

Petr: V *automatu* na jízdenky – jsou v každé stanici metra – nebo u *okénka Dopravních podniků* v metru (DP), u *novinového stánku,* a tak dále. Na to *nesmíš zapomenout.* V tramvaji, autobusu nebo ve *voze* metra si jízdenku koupit nemůžeš.

Christian: A co řeknu u okénka, když chci jízdenku?

Petr: Řekneš třeba: „Prosil bych 5 jízdenek". Nebo: „Pět jízdenek, prosím".

6

Uvnitř stanice metra trasy A

Tvoření slov

Nastoupíme na stanici Karlovo náměstí, na Můstku přestoupíme a vystoupíme na Malostranské.

Neue Wörter entstehen durch Ableitung (Hinzufügung von Präfixen und Suffixen zum Wortstamm) und durch Zusammensetzung. Im Tschechischen ist die Ableitung die häufigere Wortbildungsart.
Unterschiedliche Präfixe wandeln die Grundbedeutung des Wortes ab:

Kde	nastoupíme?		Ukončete	nástup.
	Vystoupíte	s námi?	Ukončete	výstup.
Mám	přestoupit?			Přestup na trasu C.

Přečtěte a přeložte:

Tady nemůžete vystoupit. Musíme přestoupit. Ukončete výstup a nástup, dveře se zavírají. Můstek, přestup na trasu B. Nastoupíme na Můstku. Přestoupíme u Muzea. Pojedeme jen na Vltavskou a přestoupíme na tramvaj. Kde mám vystoupit? Můstek je přestupní stanice.

Kde já už moh' dneska bejt, kdyby jela ta zatracená dvaadvacítka . . .!

Kámen úrazu,
ale co:
s chutí do
toho a půl
je hotovo

3 Chceš se mnou jet do města?

Besonderheiten der Bewegungsverben

Im Tschechischen unterscheidet man zwischen bestimmten *(jít, jet . . .)* und unbestimmten *(chodit, jezdit . . .)* Bewegungsverben.

bestimmte Bewegungsverben	unbestimmte Bewegungsverben
a) eine Bewegung in einer bestimmten Richtung	eine Bewegung ohne Angabe der Richtung/des Zieles bzw. eine Bewegung hin und her oder kreuz und quer
jít do města jet do Prahy	chodit po městě jezdit po Praze
b) eine einmalige Bewegung	eine mehrmalige Bewegung
V pondělí jdu do knihovny. Jedeš do knihovny?	V pondělí chodím do knihovny. Jezdíš do knihovny?

c) eine gewohnheitsmäßige und zu erwartende Bewegung

Jezdí tady tramvaj?
Výtah nejezdí.
Tady se nechodí.

4 Die Bewegungsverben *jet* und *jít* gehören dem IV. Konjugationstyp an.

Lesen Sie laut:

	jet			jít	
	Jedu	do Bratislavy.		Jdu	do knihovny.
	Jedeš	také do hotelu?	Petře,	jdeš	na metro?
	Jede	do Polska.	Jana tam	jde	pěšky.
Do centra	jedeme	metrem.		Jdeme	do obchodního domu.
	Jedete	tam také autobusem?		Jdete	se projít do parku?
Petr a Eva	jedou	na nádraží.		Jdou	na stanici metra.

5 Die Bewegungsverben *jezdit* und *chodit* gehören dem III. Konjugationstyp an. Ersetzen Sie in der Übung 4 die Verben jet und jít durch jezdit und chodit und erklären Sie den Bedeutungsunterschied.

6 Erklären Sie den Bedeutungsunterschied der nachfolgenden Sätze und übersetzen Sie diese:

V pondělí jdu do knihovny.	V pondělí chodím do knihovny.
Jede do Prahy.	Jezdí do Prahy.
Jedu trasou C.	Jezdím trasou C.
Jdou pěšky do města.	Chodí pěšky.
Jdu ke stanici metra pěšky.	Chodím ke stanici metra pěšky.

7 Wählen Sie das jeweils in Frage kommende Verb der Bewegung und bilden Sie die gewünschte Verbform!

1. V našem městě (jezdit, jet) S-Bahn. 2. Do centra musíš (jezdit, jet) směrem na Alexanderplatz nebo na Friedrichstraße. 3. V Praze (jezdit, jet – 1. os. pl.) rádi metrem. 4. Jak často (jezdit, jet) metro večer? 5. Metro dnes (nejezdit, nejet). 6. Ten autobus (nejezdit, nejet) do Pece. 7. Moje sestra ještě (chodit, jít) do školy. 8. Můj malý bratr už (chodit, jít). 9. Kam (chodit, jít – 2. os. pl.)? 10. (Chodit, jít – 1. os. pl.) do města, (potřebovat – 2. os. sg.) něco? 11. Přes

Karlův most už (nejezdit, nejet) auta. 12. Tak (chodit, jít – 1. os. pl.) pěšky na Malou Stranu.

Zapište si za uši:

8 Nastoupíme na stanici Vltavská a pojedeme na Václavské náměstí.

Prägen Sie sich die *Futurformen der Verben jít und jet* ein:

Půjdu do knihovny.	Pojedu do Brna.
Půjdeme do kina?	Pojedeme tramvají?
Půjdete s námi do města?	Pojedete s ním do hotelu?

9 Übersetzen Sie!

1. Wann fahren Sie nach Prag? 2. Morgen werden wir mit der U-Bahn fahren. 3. Heute Abend gehen wir ins Kino. Kommst du mit? 4. Frau Němcová wird mit uns nach Pec fahren. 5. Morgen werde ich nach Prag fahren.

. . . a ještě jeden kamínek:

10 Můžeme jít pěšky, nemusíme spěchat.

Konjugation der Modalverben

Die Modalverben *moci* (können) und *mít* (sollen) wurden bereits in den Lektionen 4 und 2 behandelt. Außerdem gibt es im Tschechischen noch folgende Modalverben:

chtít (wollen) (unregelmäßige Konj.)	*smět*/III. Typ (dürfen)	*musit*/III. Typ (müssen)
chci	smím	musím
chceš	smíš	musíš
chce	smí	musí
chceme	smíme	musíme
chcete	smíte	musíte
chtějí	smějí	musí

Die Modalverben werden wie im Deutschen mit dem Infinitiv des Vollverbs verbunden.

1. Chceš se mnou jet do města? 2. Nevím, kterou tramvají mám jezdit do knihovny. 3. Můžeš jezdit tramvají číslo 8, můžeš také chodit pěšky. 4. Musíš si koupit jízdenku předem, na to nesmíš zapomenout. 5. Můžeme se jít projít, nemusíme spěchat.

11 Ergänzen Sie die passenden Verbformen!

1. Co ti (mít 1. os. sg.) koupit ve městě? 2. To mi (musit 2. os. sg.) ukázat! 3. Koho (chtít 2. os. sg.) navštívit? 4. (Moci 2. os. pl.) mi říci, kde bydlí inženýr Novák? 5. Evo, to (nesmět) dělat! 6. Věra a Honza k nám (chtít) přijet. 7. To (nemoci 1. os. sg.) vědět. 8. Já vám nerozumím. (Moci) mluvit pomalu? 9. Pavle, tady s autem (nesmět) stát. 10. Kde (musit 1. os. pl.) přestoupit? 11. Paní, zde ještě (nesmět) vystoupit! 12. Petře, (moci) mi pomoci?

. . . a ještě
tři
oříšky

12 Řeknu ti, kde dostaneš jízdenku a kolik stojí.

Die Verben *říci* und *dostat* gehören dem IV., und das Verb *stát* dem III. Konjugationstyp an:

říci (sagen)	dostat se (gelangen) dostat (bekommen)	stát (stehen) 3. os. sg. + pl. = kosten
řeknu	dostanu se	stojím
řekn-eš	dostan-eš se	stoj-íš
řekn-e	dostan-e se	stoj-í
řekn-eme	dostan-eme se	stoj-íme
řekn-ete	dostan-ete se	stoj-íte
řekn-ou	dostan-ou se	stoj-í

Zapište si za uši:

13 Kolik stojí jízdenka?
Jízdenka stojí korunu.

14 Ergänzen Sie die fehlenden Verben:

1. . . . . . ti, kde máš nastoupit. 2. . . . . . mi, kdy mám vystoupit? 3. Prosím Vás, jak se . . . . . k metru? 4. Osmičkou se . . . . . ke stanici Sokolovská. 5. . . . . . mi, prosím vás, ..., kterou tramvají se . . . . . na Václavské náměstí? 6. . . . . . vám, kde musíte přestoupit. 7. Jak se . . . . . k Narodnímu divadlu?

Co musíme vědět i umět

15 Kam? Kam jede ten autobus? Jak se dostanu na náměstí?

Bei der Frage nach dem Weg bzw. der Fahrtroute benutzt man die Präpositionen

na, do	in, auf
k	zum, bis zum

Autobus jede do města, na náměstí ke škole a pak k univerzitě. Jsme ve městě, na náměstí u školy.

Zapište si za uši:

kam (jdu, jedu)?	na	do	k
kde (jsem, budu)?	na	v	u

16 Lesen Sie die Sätze und erklären Sie den Gebrauch der Präpositionen!

Autobus *jede na* náměstí, a pak *je na* náměstí.
Autobus *jede do* města, a pak *je ve* městě.
Autobus *jede ke* škole, a pak *je u* školy.

Chci být na náměstí, *jak se dostanu na* náměstí?
Chci být ve městě, *jak se dostanu do* města?
Musím být u univerzity, *jak se dostanu k* univerzitě?

Čím pojedeme na nádraží? Pojedeme tramvají nebo metrem.

17 Die Konstruktion *„mit einem Verkehrsmittel fahren"* wird entweder mit dem Instrumental ohne Präposition *jet čím* (wenn es sich um ein *geschlossenes Verkehrsmittel* handelt), bzw. mit der Präposition „na" + Präpositiv *jet na čem* (wenn es sich um ein *offenes Fahrzeug* handelt) wiedergegeben.

18 Přečtěte a přeložte:

Pavle, jezdíš do školy tramvají nebo metrem? Ne, tramvají nejezdím, a metrem také ne. Jezdím na kole nebo chodím pěšky. Ale do knihovny jezdím metrem a na trénink autobusem nebo s tatínkem autem.

19 Jaké ještě znáte dopravní prostředky?

trolejbus, taxík, lanovka, lod', vlak (jezdit taxíkem, lanovkou, lodí)

motocykl (motorka), moped (jezdit na kole, na motocyklu, na mopedu)

Lanovka na Petřín v Praze

Ukažte, co umíte

20 Lesen Sie laut und erklären Sie den Bedeutungsunterschied:

1. Jedu na nádraží. Jedu k nádraží. 2. Jedu do obchodního domu. Jedu k obchodnímu domu. 3. Jdu na univerzitu. Jdu k univerzitě. 4. Jezdím do knihovny. Jezdím ke knihovně. 5. Jdu do hotelu. Jdu k hotelu. 6. Chodím do školy. Chodím ke škole.

V sobotu a v neděli to nejede, o taxíka tu nezavadíš... – Já někdy už vážně nevím, jak dál...

21 Bilden Sie mit Hilfe der in Übung 20 angeführten Substantive Fragen. Benutzen Sie dabei alle in Frage kommenden Präpositionen.

[M] Jak se dostanu do školy? Jak se dostanu ke škole?

22 Gestalten Sie einen Dialog zum Thema: Čím jezdím do školy, na trénink ...

[M] Čím jezdíš do školy?	Někdy autobusem, někdy tramvají.
	Autobusem nebo tramvají.

23 Lesen Sie laut und beenden Sie die Gespräche!
„Chci se dostat k metru. Kterou tramvají mám jet?“
„To je jedno, kterou. Každá tramvaj z této stanice jede k metru. Je to jen jedna stanice.“

. . .

„Kde si můžu koupit jízdenku na metro?“
„Třeba v každé stanici metra, v automatu na jízdenky“.
„A kde ještě?“
. . .
„Máme ještě čas, nemusíme spěchat. Můžeme se projít po Václavském náměstí.“
„Zatelefonujeme Markovi, třeba půjde s námi.“
„Dobře, zatelefonujeme mu z metra. Nesmíme mu zapomenout říci, že . . .“

24 Bilden Sie richtige Formen des Substantivs. Ergänzen Sie, wenn nötig, auch die passende Präposition!

Jezdím každý den (tramvaj) do školy. Na trénink jezdím (metro), ale někdy také (autobus). Můžu jezdit také (kolo). Teď jedu do města. Pojedu jednu stanici (tramvaj) a pak přestoupím (metro). Zpátky půjdu pěšky, nemusím spěchat. Ale možná, že také pojedu (metro).

25 Beantworten Sie:

1. Kam jede Petr s Christianem? 2. Jak se dostanou do města? 3. Čím pojede Christian do knihovny? 4. Kde nastoupí Petr s Christianem? 5. Kde vystoupí? 6. Kde si můžou koupit jízdenku? 7. Kolik stojí jízdenka na metro, tramvaj nebo městský autobus? 8. Co řekne Christian u okénka DP? 9. Čím pojede Petr s Christianem zpátky?

26 Přeložte!

1. Zu welcher Haltestelle muß ich gehen? 2. Mit welcher Straßenbahn soll ich fahren? 3. Welche Straßenbahn fährt zum Hotel? 4. Welche Straßenbahn brauchst du? 5. Zum Hotel kannst du von dieser Haltestelle mit jeder Straßenbahn fahren. 6. Mit welchem Bus soll ich zur Metrostation Hradčanská fahren? Es ist egal, alle Busse von dieser Haltestelle fahren zur Metrostation Hradčanská. 7. Fährst du manchmal mit dem Fahrrad zur Schule? Ich fahre jeden Tag mit dem Fahrrad zur Schule. 8. Die Haltestelle ist vor dem Kaufhaus. Dort kannst du in jede Straßenbahn einsteigen. Du fährst eine Station und steigst auf die U-Bahn um.

27 Betrachten Sie die Bildserie und beschreiben Sie die Handlung der Hauptperson! Geben Sie der Hauptperson einen Namen!

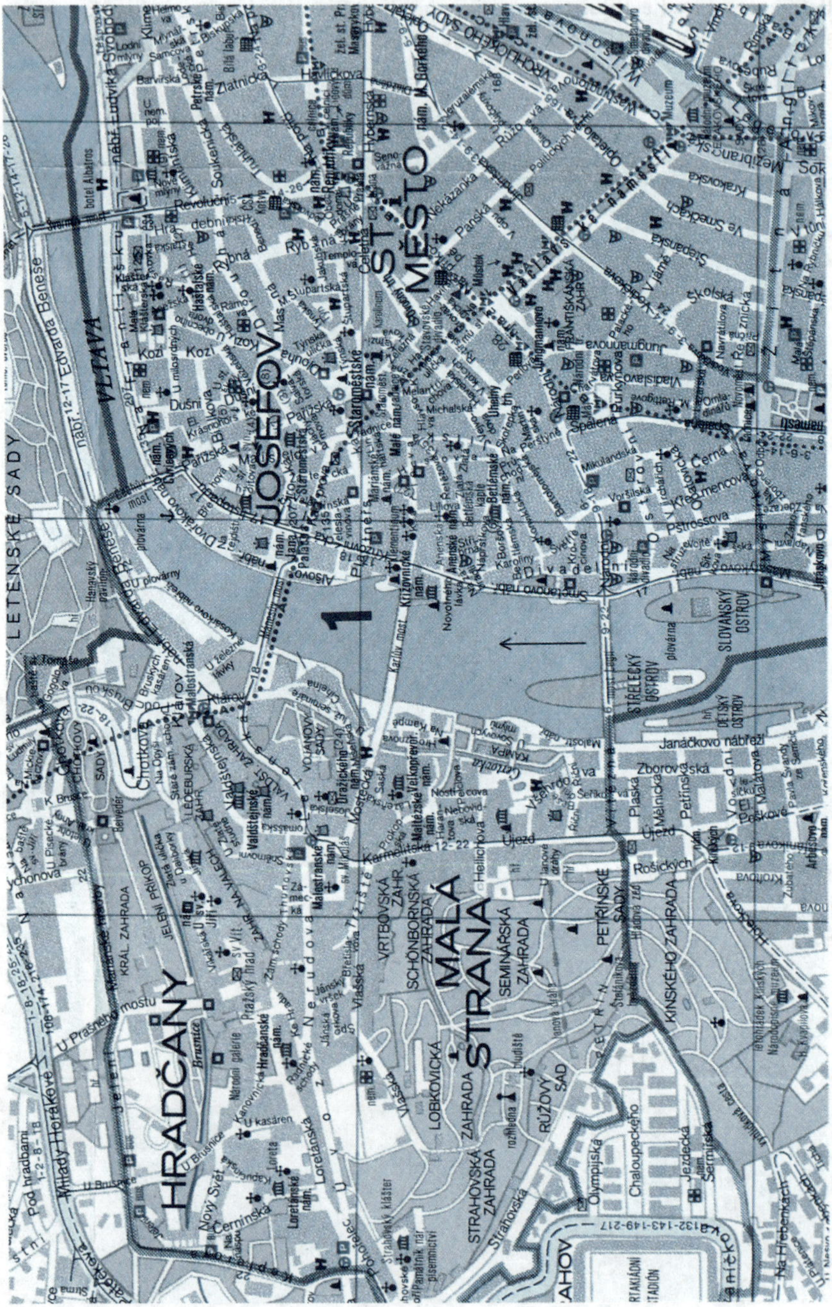
HRADČANY
MALÁ STRANA
JOSEFOV
STARÉ MĚSTO
VLTAVA
LETENSKÉ SADY
1

28 Bilden Sie möglichst viele Fragen und beantworten Sie diese:
Jak se dostaneme z Václavského náměstí k Hlavnímu nádraží?
na Hradčany?
na Staroměstské náměstí?
na Malostranské náměstí?
na Karlův most?
atd.
Čím můžeme jet z nádraží Holešovice k Muzeu?
na Můstek?
na Karlovo náměstí?
atd.

29 Gestalten Sie Gespräche mit diesen Informationen!

30 Schreiben Sie Ihrem Freund eine Nachricht, wie er zum Bahnhof kommt!

31 Beraten Sie nach dem Stadtplan auf Seite 134 einen tschechischen Touristen, mit welchem Verkehrsmittel er:
- vom Alexanderplatz zum Bahnhof ZOO
- vom Brandenburger Tor zum Tiergarten
- von der Gedächtniskirche zur Friedrichstraße
- von der Straße Unter den Linden zum Kurfürstendamm

gelangen kann.

Nabídka dne

32 Z vývoje pražské městské dopravy

1. Koňská dráha v Praze, v provozu od roku 1875.

2. Elektrická tramvaj Františka Křižíka, která v Praze jezdila od r. 1897.

33 Prägen Sie sich die Lexik ein!

auto, -a n.	Auto
autobus, -u m.	Bus
automat, -u m.	Automat

dnes, dneska	heute
dostat se do + Gen. IV	kommen, gelangen
hlavní	Haupt- . . .
chtít, chci . . . chtějí	wollen
jezdit III	fahren
jít, jdu . . . jdou IV,	gehen
půjdu . . . půjdou	ich werde gehen
jízdenka, -y f.	Fahrkahrte
každý	jeder
když	wenn
kino, -a n.	Kino
knihovna, -y f.	Bibliothek
univerzitní knihovna	Universitätsbibliothek
kolik	wieviel
kolo, -a n.	Fahrrad
koruna, -y f.	Krone
koupit si III	sich kaufen
který	welcher, welche, welches
metro, -a n.	U-Bahn
musit III	müssen
nádraží, -í n.	Bahnhof
hlavní nádraží	Hauptbahnhof
nastoupit III	einsteigen
nástup	Einstieg
něco	etwas
noviny, Pl.	Zeitung
novinový stán*e*k	Zeitungskiosk
okénko, -a n.	Schalter, kleines Fenster
pak	dann
park, -u m.	Park
pěšky	zu Fuß
pondělí, -í n.	Montag
projít se	spazieren gehen
projdu se . . . projdou se	
přes + Akk.	über
přestoupit III	umsteigen
přestup	Umstieg, Umsteigen
říci IV, řeknu . . . řeknou	sagen
smět, III, smějí	dürfen
spěchat I	sich beeilen
stanice, -e f.	Haltestelle, Station
stát III, stojím . . . stojí	stehen, kosten
stejný	gleich
stejně	gleich
tak	so
tramvaj, -e f.	Straßenbahn

trénink, -u m.	Training
všude	überall
vystoupit III	aussteigen
výstup, -u m.	Ausstieg
zapomenout IV zapomenu	vergessen
zpátky	zurück
Prägen Sie sich die Wendungen ein:	
Kolik stojí jízdenky?	Wieviel kosten die Fahrkarten?
Prosil(a) bych 5 jízdenek.	Fünf Fahrkarten, bitte.
Půjdeme se projít po Václavském náměstí.	Wir wollen auf dem Wenzelsplatz spazieren gehen.
To je jedno.	Das ist egal.
apod. (a podobně)	u. ä. (und ähnlich)
centrum, centra n.	Zentrum
Dopravní podnik (DP)	Verkehrsbetrieb
směr, -u m.	Richtung
trasa, -y f.	Trasse
výhled do zelena	Ausblick ins Grüne
ohlašovat, II, unv.	melden
hlásit, III, unv.	melden
slovo, -a n.	Wort
odjezd, -u m.	Abfahrt
Ukončete výstup a nástup, dveře se zavírají	Beenden Sie den Ein- und Ausstieg, die Tür schließt sich (Zurückbleiben!)
rozjet se, IV, v.	in Fahrt kommen
Příští stanice Můstek, přestup na trasu B	Nächste Station Můstek, Übergang zur Linie B
přestupní stanice	Umsteigestation
konečná stanice	Endstation
navíc	darüber hinaus
Konečná stanice, prosíme, vystupte.	Endstation, alle aussteigen.
pouštět z pásku	(einen Text) vom Band senden
opakovat se, II, unv.	sich wiederholen
pamatovat si, II, unv.	sich einprägen

V jižních Čechách

1 Každá část Čech a Moravy, střední, západní, severní, východní a jižní, má svůj charakter, své přírodní zvláštnosti a pamětihodnosti, svou bohatou historii. Dnes se podíváme do jižních Čech. Jižní Čechy hraničí s Německem a s Rakouskēm, přirozenou hranici tvoří Šumava a Novohradské hory. Na Šumavě, pod Černou horou, je pramen řeky Vltavy. Vltava je geografickou osou jižních Čech. Protéká Šumavou, a u Lipna, kde je velká přehrada, tvoří oblouk. Protéká pak přímou čarou Českým Krumlovem a Českými Budějovicemi na sever do středních Čech, pak Prahou a dále na sever až k městu Mělníku, kde se vlévá do Labe.

České Budějovice

Nejvyšší šumavské hory měří okolo tisíce metrů. Na Šumavě jsou hluboké lesy (turistickou atrakcí je prales Boubín) a velmi dobrý vzduch. Šumava je proto oblíbeným místem pro letní i zimní dovolenou, pro letní i zimní sporty.
V okolí města Třeboně je mnoho rybníků, největší, Rožmberk má 711 hektarů.
Jihočeskou metropolí jsou České Budějovice. Toto město má asi sto tisíc obyvatelů. Založil je v roce 1265 český král Přemysl Otakar II. Dalšími známými jihočeskými městy a městečky jsou například Tábor, Český Krumlov, Písek, Protivín, Strakonice, Bechyně, Jindřichův Hradec, Třeboň, Vyšší Brod, Husinec. V Husinci se narodil mistr Jan Hus.

Český Krumlov

Některé výrobky z jižních Čech jsou známé po celé zemi a některé i po celém světě, tak například pivo Budvar z Českých Budějovic, klobouky ze Strakonic, pivo Platan z Protivína, keramika z Bechyně. V jižních Čechách je mnoho hradů a zámků, jako například Orlík, Zvíkov, Hluboká, Rožmberk, Český Krumlov, které připomínají historii šlechtických rodů Vítkovců, Rožmberků, Schwarzenberků. Velmi známý je i klášter ve Vyšším Brodě z 13. století.
Město Tábor připomíná historii husitů.

Hrad Rožmberk

Třeboň

2 Jak se ti u nás líbí, Christiane?

Ch.: Líbí se mi u vás. Byl jsem ve vaší zemi už často, ale vždycky jen krátce.

P.: A co už o naší zemi víš?

Ch.: Není toho mnoho, ale přece už něco vím. Něco jsme se učili ve škole, něco znám z knih a časopisů, kromě toho jsem už něco viděl. Tak například loni v létě jsme byli v Krkonoších, na Sněžce a v Peci, šli jsme také k pramenům Labe. Letos v zimě jsme jeli do Beskyd a podnikali jsme dlouhé výlety. Ale chci ještě hodně poznat na vlastní oči. Jana mi půjčila několik zajímavých knížek, například o hradech a zámcích na Moravě. Znám už české hrady a zámky Karlštejn, Křivoklát, Hlubokou a Konopiště, teď bych chtěl poznat

Hrad Buchlov

také moravské: Lednici, Buchlov, Buchlovice ... Ale nejdříve si chci prohlédnout Prahu.

P.: Tak půjdeme v sobotu odpoledne na dlouhou procházku Prahou, chceš?

Ch.: Samozřejmě chci. Už se na to moc těším.

3. Beantworten Sie:

Která místa v Čechách a na Moravě znáte vy?

Brousek pro tvůj jazýček

4 Přečtěte:

severní	jižní
východní	západní
střední	přírodní
zvláštnosti	pamětihodnosti
tvoří	vlévá
nejvyšší	největší
hranice	Strakonice
Protivín	šlechtický
letní	zimní
město	měří
Vltava	hluboký
oblíbený	Orlík
svět	Třeboň
hradů	zámků

A ještě něco na zlámání jazyka:

Strč prst skrz krk! (Steck den Finger in den Hals!)

Tvoření slov

5 Podíváme se do západních Čech

Von den Substantiven werden Adjektive z. B. mit Hilfe von Suffixen *-ní, -ský, -ký* gebildet: Protivín – protivínský. Der Auslautvokal wird abgetrennt: Budějovic*e* – budějovický; zim*a* – zimní. Bei k-, g-, h-, ch-Auslaut kommt es zum Konsonantenwechsel: Orlík – Orlická přehrada. Bei rk-Auslaut wird das *k* flüchtig: Rožmberk – Rožmberský.

Kámen úrazu, ale co: s chutí do toho a půl je hotovo

6 Něco jsme se učili ve škole, něco jsem sám už viděl.

Bildung des Präteritums
Die Formen des Präteritums setzen sich aus dem sog. *l-Partizip und* (außer der 3. Ps. Sg. und Pl.) der *Präsensform des Hilfsverbs* být zusammen.
Das l-Partizip wird vom Infinitiv gebildet (die Infinitivendung *-t* wird durch das *-l* ersetzt – vidě-*t* → vidě-l) und kongruiert mit dem Subjekt in Genus und Numerus.

	Maskulina bel.	Maskulina unbel.	Feminina	Neutra
Sg.	vidě*l*		vidě*la*	vidě*lo*
Pl.	viděli	vidě*ly*	vidě*ly*	vidě*la*

Přečtěte:

	Byl jsem	tady už často.
	Byla jsi	také už v Beskydech, Aleno?
Pavel ještě	nebyl	v Beskydech.
Jana mi	půjčila	několik zajímavých knížek.
	Šli jsme	k pramenům Labe.
	Prohlédli jste	si Prahu?
	Viděl jste	Sněžku, pane Horáku?
	Těšili	se na výlet.
Hrady se nám	líbily.	

Zapište si za uši:

7 Bei der Bildung des l-Partizips kommt es manchmal zu Lautveränderungen unterschiedlicher Art:

n*é*st	nesl, -a, -o	*jít*	**šel, šla, šlo**
ž*í*t	žil, -a, -o	*moci*	**mohl, -a, -o**
cht*í*t	chtěl, -a, -o	*říci*	**řekl, -a, -o**
m*í*t	měl, -a, -o	*zapomenout*	**zapomněl, -a, -o**

Die Präsensformen des Hilfsverbs být stehen im Satz immer an zweiter Satzgliedstelle und das Reflexivpronomen se bzw. si schließt sich den Präsensformen unmittelbar an. In der 2. Person Singular verschmelzen sogar beide miteinander.

Něco jsem se učila ve škole.
Učila ses ve škole dobře?
Koupila jsem si včera knihu o českých hradech.
Koupila sis včera knihu o českých hradech?

Bei der höflichen Anrede einer einzelnen Person wird das Hilfsverb in der 2. Person Plural gebraucht. Das l-Partizip stimmt dagegen im Genus und Numerus mit dem Subjekt überein, z. B.:

S kým jste mluvil, pane Horáku?
S kým jste mluvila, paní Horáková?

8 Übertragen Sie folgende Sätze ins Präteritum:

Eva bydlí v Praze. Petr navštíví Prahu. Christian jede do hotelu. Alena nese kávu. Podepíšeš to? Učíš se česky? Jdeš na metro? Vítáme Christiana u nás doma. Tatínek se vrátí večer. Musíš si ještě koupit jizdenku? Chceme se podívat na jeho pokoj. Můžeš mu pomoci. Máte čas? Řekneš jí to? Nezapomenu jim to říci. Paní Horáková, jedete do Berlína? Máte klíč od pokoje, pane Kleine? Evo a Petře, vrátíte tu knihu?

9 Opakování je matka moudrosti

Bilden Sie möglichst viele Sätze!

já, ty	rozumět	babička, kamarádka, kniha,
on, ona	psát (dopis)	matka, matematika, objednávka,

my, vy	jet k	sestra, učitelka, prodavačka,
oni, ony	mluvit o	podlaha, Praha, jízdenka,
to	patřit	dědeček, otec, Pavel, tatínek,
můj, tvůj	pomoci	soused, město, koberec, židle

Was müssen Sie beachten, wenn Sie die aufgeführten Substantive in den Dativ bzw. Präpositiv setzen?

... a ještě jeden tvrdý oříšek

10 Jana mi půjčila několik zajímavých knížek o hradech a zámcích v Čechách a na Moravě.

Deklination harter Substantive im Plural

	Maskulinum belebt	unbelebt	Neutrum	Femininum
N.	páni, hoši, žáci	hrady, zámky	města	ženy
G.	pánů	hradů	**měst,** *středisek*	**žen,** *učitelek*
D.	pánům	hradům	městům	žen**ám**
A.	**pány, hochy, žáky**	hrady	města	ženy
V.	= Nom.	= Nom.	= Nom.	= Nom.
P.	pánech, hoš*ích*, žá*cích*	hradech, zámc*ích*	městech, **střediskách**	**ženách**
I.	pány	hrady	městy	žen**ami**

11 Zapište si za uši:

Znám také několik středisek zimních a letních sportů.

Einschub **-e**

Bei zahlreichen Neutra und Feminina, die eine Konsonantengruppe im Stammauslaut haben, wird im Genitiv Plural ein **-e** eingeschoben.

křeslo	křesla	křesel
okno	okna	oken
polička	poličky	poliček
koupelna	koupelny	koupelen
matka	matky	matek
prodavačka	prodavačky	prodavaček

12 Lesen Sie laut und bestimmen Sie die Formen der Substantive!

1. Jezdíme v létě do Krkonoš a do Beskyd. 2. Kolik českých řek znáš? 3. Znáš už také několik středisek letních a zimních sportů? 4. Nejvyšší hora v Čechách je Sněžka. 5. Nejznámější řeky jsou Labe, Vltava, Dunaj a Váh. 6. Kolik křesel má Christian v pokoji? 7. Je tam několik velkých oken? 8. Mám pět poliček na knihy. 9. Vidí nám do oken. 10. Knihy jsou na poličkách.

13 Übersetzen Sie und bilden Sie die Formen des Nom. Sg. der kursiv gedruckten Wörter!

N.	V Babelsbergu[1]) žili	*Češ*i.
	Na Šumavě jsou	krásné hory.
	Největší	*měst*a v Čechách a na Moravě jsou Praha a Brno.
G.	V Čechách je mnoho	*hrad*ů a *zámk*ů, zajímavých
	Jedeme do	*měst,* zimních a letních *středis*ek, *řek* a *hor.*
	Jedeme do	*hor.*
D.	Šli jsme také k	*pramen*ům Labe.
	Píšeme našim	*kamarád*ům.
	Pomáháme našim	*kamarádk*ám.
A.	Ty máš tři	*sestr*y, Jano?
	Ne, mám dva	*bratr*y, Aleno!
	Znáte ta	*měst*a?
P.	Mám knihy o	*hrad*ech a *zámc*ích.
	Mluvíme o našich	*žác*ích.
	A my mluvíme o našich	*učitelk*ách.
	Víte něco o zimních	*středisk*ách v Československu?
	Jsem rád v malých	*měst*ech v *hor*ách.
I.	Pojedete s	*žák*y do Beskyd?
		S *učitelk*ami češtiny mluvíme česky.

[1]) Mitte des 18. Jahrhunderts wurden durch Friedrich II. protestantische böhmische Weber bei Potsdam angesiedelt. Der Ort hieß bis 1938 Nowawes, er ist jetzt Teil von Potsdam-Babelsberg.

. . . a ještě
jeden
kamínek

14 Znám také několik středisek zimních a letních sportů.

Deklination der Adjektive und Pronomen im Plural

	m. b.	m. u. f.,	n.	m. b.	m. u., f., n.	m. b.	m. u. f.	n.	m. b.	m. u., f.	n.
N.	mlad*í*	mlad*é*	mlad*á*	moj*i*	moj*e*	t*i*	t*y*	t*a*	on*i*	on*y*	on*a*
		jarn*í*		naš*i*	naš*e*						
G.		mlad*ých*		m*ých*		*těch*			j*ich*		
		jarn*ích*		naš*ich*					(z) n*ich*		
D.		mlad*ým*		m*ým*		*těm*			j*im*		
		jarn*ím*		naš*im*					(k) nim		
A.	mlad*é*		mlad*á*	moj*e*		t*y*			**je**		
		jarn*í*		naš*e*							
P.		mlad*ých*		m*ých*		*těch*			(o) n*ich*		
		jarn*ích*		naš*ich*							
I.		mlad*ými*		m*ými*		*těmi*			j*imi*		
		jarními		naš*imi*					(s) n*imi*		

Die Possessivpronomen *tvoji* und *vaši* werden wie *moji* und *naši* dekliniert.

15 Ergänzen Sie:

1. Napsali (oni) z Prahy. 2. Mluvíme s (český) kamarády a kamarádkami. 3. (Krušný) hory jsou v (západní) Čechách. 4. Několik (známý) řek tvoří přirozenou hranici. 5. (Jizerský) hory jsou v (severní) Čechách. 6. Petr mi psal z (Krušný) hor. 7. Navštívili jsme (zajímavý) místa, (krásný) hrady a zámky. 8. Víš něco o (naše velká) města? 10. Z (ty tvoje nové) knih jsem toho o severní Moravě hodně poznal.

. . . a ještě
nedáme
pokoj

V horách žijí medvědi

16 Konjugation einiger wichtiger Verben des II. Konjugationstyps. Zum II. Konju-

gationstyp gehören außer den Verben auf -ovat (jmenovat se) auch einige einsilbige Verben mit langem *í* bzw. *ý* im Stamm: *žít, pít* (trinken), *mýt* (waschen) u. a.

Přečtěte:

	Žiji	v Německu.
Jak si	žiješ?	
Petr	žije	už pět let v Praze.
	Žijeme	si dobře.
	Žijete	už dlouho na Slovensku?
V horách	žijí	medvědi.

Co musíme vědět i umět

17 Co se v sedmé lekci naučíš, v osmé jako bys našel
V Čechách je několik světoznámých pivovarů

Der **gezählte Gegenstand** steht:

1) nach *jeden, jedna, jedno*	im Nom. Sg.	jedna židle
2) nach *dva, dvě, dvě* *tři* *čtyři*	im Nom. Pl.	dva bratři, tři sestry, dvě knihy, dvě města, čtyři křesla
3) nach *pět bis unendlich* und *nach unbestimmten Zahlwörtern* (kolik, několik, mnoho, málo, moc)	im Gen. Pl.	sedm rybníků, pět žáků, deset měst, šest žen, několik řek, málo hor, moc knih

18 Přečtěte a doplňte správné tvary:

1. V Čechách je několik (světoznámé pivovary). 2. Nejznámější jsou dva (pivovar) – plzeňský Prazdroj a budějovický Budvar. 3. Dnes je v Plzni více (pivovar), kromě pivovaru Prazdroj (od r. 1842) například také pivovar Gambrinus. 4. V plzeňských pivovarech se vyrábí mnoho (druh) piva. 5. Kolik (české pivovary) znáte?

Světové strany

19 Na jihu sousedí Čechy s Rakouskem.

Kam? Kde? Město leží . . .
Autobus jede . . .

na sever

na severo-
západ

na severo-
východ

na západ

na východ

na jiho-
západ

na jiho-
východ

na jih

na severu

na
západě

na
východě

na jihu

Doplňte světové strany:

1. Z Prahy do Berlína jedeme na (...), do Českých Budějovic na (...), do Brna na (...), do Karlových Varů na (...).
2. Krušné hory jsou na (...) Čech, Krkonoše na (...), Šumava na (...).
3. Vltava protéká Čechy z (...) na (...), Labe z (...) na (...).
4. Beskydy jsou na (...) Moravy, na (...) Moravy je Českomoravská vrchovina, na (...) Moravy hory nejsou.

20 Co se často plete

Die Verben *sich freuen* und *těšit se stimmen* im Tschechischen und Deutschen nur in folgenden Fällen im Gebrauch *überein*:

- bei der Begrüßung:
  Freut mich! Těší mě!
- in der Konstruktion sich auf etwas freuen: těšit se na něco (Akk.)
  Ich freue mich auf den Ausflug. Těším se na výlet.

In vielen gebräuchlichen Wendungen sind dagegen *Unterschiede* festzustellen:

Ich freue mich darüber.	Mám z toho radost.
Da freue ich mich!	To mám radost!
	To jsem rád/-a!
Ich freue mich, daß du da bist.	Jsem rád, že jsi tady.
	Mám radost, že jsi tady.
Die Schüler freuen sich.	Žáci mají radost.

7

Ukažte, co umíte

21 Setzen Sie die Sätze ins Präteritum!

1. Můj bratr bydlí v hotelu Astoria. 2. Jedeme autobusem do Prahy. 3. Ve škole mluvíme často o cestě do Krkonoš. 4. V sobotu navštívíme naši babičku. 5. Kufr necháme v pokoji. 6. Můj tatínek pracuje ve velkém obchodním domě. 7. Přeji si cestu du Pece. 8. Říkám ti to! 9. Naše učitelka nám ukáže zajímavou knihu o Zvíkově. 10. Můj přítel se vrátí zítra ze Šumavy. 11. Jak se ti líbí v Praze? 12. Žáci už mnoho vědí o české historii.

22 Ergänzen Sie die Formen des Hilfsverbs „být" in den Anekdoten:

1. Povídá šéf sekretářce:
„Je to pěkný dopis, slečno Malinová. Ale co . . . udělala s tím, který . . . vám nadiktoval?"
2. „Ty . . . znal mého pradědečka?"
„Ne, proč?"
„Vyprávíš všechny jeho vtipy!"

23 Konjugieren Sie die Verben:

těšit (se), půjčit, líbit se, žít, vidět, podnikat

24 Ergänzen Sie die richtigen Formen der Verben!

1. Nejdelší česká řeka (být) Vltava. 2. (Pramenit) na Šumavě, pod Černou horou. 2. (Protékat) šumavskými lesy. 4. Na Vltavě (být) několik přehrad. 5. Za přehradou u Lipna (tvořit) Vltava oblouk a (protékat) pak dále přímou čarou středními Čechy a Prahou. 7. Na sever od Prahy, u Mělníka, se (vlévat) do Labe.

25 Setzen Sie die richtigen Formen der Substantive ein:
Jsou tam . . . . / Bylo tam mnoho . . . . .

hotel, hora, babička, časopis, kniha, jízdenka, žák, knihovna, město, inženýr, prodavačka, noviny, obrázek, univerzita, sestra, bratr.

26 Bilden Sie mit den folgenden Verben und Substantiven sinnvolle Sätze!

bydlit	hora, hotel
děkovat	babička, sestra, bratr
dělat	výlet, procházka
koupit	jízdenka, časopis
mluvit s + Instr.	žák, dědeček, bratr
o + Präp.	
navštívit	knihovna, město, škola
pomoci	inženýr, prodavačka
znát	noviny, obrázek, univerzita

27 České a moravské hory tvoří přirozenou hranici. Jsou to Krušné hory, Jizerské hory, Orlické hory, Krkonoše, Jeseníky, Beskydy. Český les a Šumava. Mezi Čechy a Moravou leží Českomoravská vrchovina.
Podívejte se na mapu a řekněte, které hory jsou na severu, na severovýchodě, na západě, na jihu, na východě.
M: Na severu Čech jsou Jizerské hory.
Přirozenou hranici Čech na jihu tvoří Šumava.

28 Fragen Sie tschechisch:

- wie die größte Stadt in Mähren (na Moravě) heißt,
- wie der höchste Berg Böhmens heißt,
- wie viele Einwohner die größte tschechische Stadt hat,
- wie die bekanntesten Flüsse Böhmens heißen,
- wo der höchste Berg Mährens liegt,
- wie das höchste Gebirge Mährens heißt.

29 Übertragen Sie sinngemäß:

Ich weiß bereits einiges über Böhmen und Mähren. Etwas haben wir in der Schule gelernt, etwas erfuhr ich aus den Büchern und Zeitschriften, etwas habe ich bereits selbst gesehen. Im vorigen Jahr waren wir zum Beispiel im Riesengebirge und in den Beskiden.

30 Gestalten Sie analog zur Übung 2 einen Dialog, in dem Sie zum Ausdruck bringen, wo es Ihnen in der Tschechoslowakei besonders gefallen hat.

31 Erzählen Sie mit Hilfe der Fragen über die Tschechoslowakei!
Kolik obyvatelů mají Čechy a Morava?
Jak se jmenuje hlavní město České republiky?

Která další města v Čechách a na Moravě znáte?
Která pohoří leží na severní hranici Čech?
S kým sousedí Čechy a Morava?
Které řeky v Čechách a na Moravě znáte?

32 Bereiten Sie analog zu Übung 31 schriftlich einen kurzen Bericht über Ihr Land vor!

33 Ergänzen Sie passende Verben:
..., kdo je pán Krkonoš? Jak se ... německy? Česky se mu ... Krakonoš. Někdy se mu také ... podobně jako německy „rýbrcoul“. O Krakonošovi se ... mnoho pohádek (Märchen). Jedno krásné místo v krkonošské přírodě se ... Krakonošovy zahrádky. Jeden krkonošský hotel se ... jako on. ... také často na pohlednicích a suvenýrech. ... ho na fotografii?

34 Nabídka dne

Kde domov můj?

Kde domov můj, kde domov můj?
Voda hučí po lučinách,
bory šumí po skalinách,
v sadě skví se jara květ,
zemský ráj to na pohled,
a to je ta krásná země,
země česká, domov můj . . ..

Josef Kajetán Tyl

Stavovské divadlo – dobová kresba

Text k této písni napsal J. K. Tyl, hudbu složil František Škroup. Poprvé zazněla 21. prosince 1834 při premiéře české zpěvohry „Fidlovačka“ ve Stavovském, dnešním Tylově divadle. V roce 1918 se tato vlastenecká píseň stala českou národní hymnou.

35 Prägen Sie sich die Lexik ein!

bohatý	reich
celý	ganz
cesta, -y f.	Weg, Reise
část, -i f.	Teil
další	nächster, weiterer
dlouhý	lang
dovolená, -é f.	Urlaub
historie, -e f.	Geschichte
hluboký	tief
hodně	viel
hora, -y f.	Berg
hranice, -e f	Grenze
jih, -u m.	Süden
léto, -a n.	Sommer
letní	Sommer...
letos	dieses Jahr
loni	voriges Jahr

metr, -u m.	Meter
milión, -u m.	Million
místo, -a n.	Platz
například (např.)	zum Beispiel
narodit se III	geboren werden
nejdříve	zunächst
několik	einige
oblouk, -u m.	Bogen
obyvatel, -e m.	Einwohner
odpoledne	Nachmittag
pamětihodnost, -e f.	Sehenswürdigkeit
protékat I unv.	durchfließen
procházka, -y f.	Spaziergang
přece	doch
přehrada, -y f.	Talsperre
přímý	gerade, direkt
přímou čarou	in gerader Linie
příroda, -y f.	Natur
půjčit III	borgen, leihen
rybník, -a m.	Teich, Fischteich
sever, -u m.	Norden
sobota, -y f.	Sonnabend
spolu	gemeinsam
sport, -u m.	Sport
svět, a m.	Welt
těšit se na + Akk. III	sich auf etwas freuen
vlévat se do + Gen. I	münden (Fluß)
výlet, -u m.	Ausflug
výrobek, -u m.	Produkt
vysoký	hoch
nejvyšší	der höchste
vzduch, -u m.	Luft
vždycky	immer
zajímavý	interessant
založit III v.	gründen
západ, -u m.	Westen
země, -e f.	Land
zima, -y f.	Winter
zimní	Winter...
známý	bekannt
nejznámější	am bekanntesten, der bekannteste
zvláštnost, -i f.	Besonderheit
žít II žiji ... žijí	leben
poznat na vlastní oči	mit eigenen Augen kennenlernen
atrakce, -e f.	Attraktion
hraničit s + Instr. III	an etw. grenzen
charakter, -u m.	Charakter
jako například	wie z. B.
keramika, -y f.	Keramik
klobouk, -u m.	Hut
král, -e m.	König

krátce	kurz
kromě toho	außerdem
metropole	Metropole
největší	der größte
nejvíce	am meisten
osa, -y f.	Achse
pivovar, -u m.	Brauerei
pohoří, -i n.	Gebirge
pradědeček	Urgroßvater
prales	Urwald
pramenit III	entspringen
pramen, -e m.	Quelle
prazdroj, -e m.	Urquell
Plzeňský prazdroj	Pilsner Urquell
připomínat I	erinnern
přirozená hranice	natürliche Grenze
Rakousko, -a n.	Österreich
rod, -u m.	Geschlecht
soused, -a m.	Nachbar
sousedit s + Instr.	grenzen
středisko, -a n.	Zentrum
tvořit III	bilden
zároveň	gleichzeitig
a jiné	und andere

8

Jdeme na nákup

1 Christian už bydlí ve studentské koleji.

Christian: Potřebuji něco *nakoupit.* Můžeš jít se mnou a ukázat mi, kde a jak se nakupuje?

Petr: Dobře, půjdeme spolu na *nákup.* Co potřebuješ?

Christian: Musím koupit *nějaké jídlo* a potom *mýdlo* a *pastu na zuby.* Nevím ale, co se *při* nákupu říká a jak se *platí.*

Petr: Takže půjdeme spolu do *obchodu s potravinami* a do *drogerie.*

Christian: Nápisy na obchodech už znám, například: Potraviny, Lahůdky, Mléčné výrobky, Maso uzeniny, Chléb pečivo, Ovoce zelenina, Cukrárna, Drogerie atd.

Nákupní středisko u stanice metra

Petr: Tak budu dneska nakupovat já a ty budeš *dávat pozor,* co budu říkat. Tak nejdříve potraviny. Co mám koupit?

Christian: Potřebuji *chléb, housky, mléko, máslo, sýr, salám, cukr,* kávu a *jablka.*

Petr: Kolik chleba, *celý* nebo *půlku?*

Christian: Půlka mi stačí, pak *litr* mléka, šest housek, *čtvrt kilogramu* másla, 200 *gramů* sýra a 200 gramů salámu, kilogram cukru, 50 gramů kávy a kilogram jablek.

Petr: Kilogram je *sice správně,* ale při nákupu se to u nás neříká, říká se kilo. U másla stačí říci jedno máslo, když chceš čtvrt kila. Sýr, salám a tak podobně se nepočítá na gramy, ale na *dekagramy* (dkg), říká se deka. Hned ti to ukážu.

Ale to víte, že vám na to dám pytlík. Já jsem na vrtochy zákazníků zvyklá.

Prodavačka: Co si přejete, prosím? Vaše přání?

Petr: Prosil bych půlku chleba, 6 housek, litr mléka, jedno máslo, 20 deka sýra, třeba eidam *v celku* a 20 deka dietního salámu *nakrájet.*

Prodavačka: Eidam nemáme. Může to být gouda?

Petr: Raději ementál, jestli máte.

Prodavačka: Ementál máme. *A další přání,* prosím?

Petr: Ještě kilo *kostkového cukru* a kávu.

Prodavačka: Ještě nějaké přání?

Petr: Ne, děkuji, to je všechno.

Prodavačka: (spočítala všechno *dohromady)* : šedesát jedna dvacet. *Zaplatíte u pokladny,* prosím.

Čertví, co to vůbec je. Ani cena tu není... Zřejmě snížili výdaje na propagaci.

U pokladny *platí* Petr *stokorunou.*
Pokladní: Nemáte *drobné*? Korunu dvacet?
Petr: Mám.
Pokladní: (počítá a *vrací* mu *peníze*): sedmdesát, osmdesát, devadesát, sto. Děkuji. Zboží dostanete u výdeje.
Petr: Děkuji, na shledanou. (spočítal peníze a vrátil Christianovi třicet osm osmdesát).

Kámen úrazu,
ale s chutí
do toho a půl
je hotovo

2 Zaplatíte u pokladny. Petr platí stokorunou.

Der Aspekt des Verbs

Eine für die slawischen Sprachen typische Kategorie des Verbs ist der Aspekt. Mit dem Aspekt werden *zwei unterschiedliche Betrachtungsweisen einer Handlung* zum Ausdruck gebracht, und zwar:

a) eine Handlung *als ein abgeschlossener Komplex* mit dem erreichten Ergebnis (der perfektive, vollendete Aspekt),
b) eine Handlung *in ihrem Verlauf* (der imperfektive, unvollendete Aspekt).

Den jeweiligen Aspekt kann man an den unterschiedlichen Formen eines Verbs erkennen. Viele Verben bilden daher sog. *Aspektpaare,* z. B. das Verb *kaufen* hat im vollendeten Aspekt die Form **koupit**, im unvollendeten Aspekt die Form **kupovat.** Aspektpaare bilden allerdings nur solche Verben, die prozeßartige Handlungen ausdrücken, wie z. B. kaufen, zählen, schreiben. Verben, die Zustände, Beziehungen, Empfindungen u. ä. ausdrücken, sowie auch die Modalverben (wohnen, gehören, wollen, brauchen) haben keinen Aspektpartner.

vollendete Form	unvollendete Form
Im Mittelpunkt des Interesses des Sprechers steht das Erreichen des Ergebnisses, die Abgeschlossenheit der Handlung.	Im Mittelpunkt des Interesses des Sprechers steht a) der Verlauf der Handlung oder auch b) die gewohnheitsmäßige Handlung.
Prodavačka spočítala peníze. Petr koupil knihu. Christian zaplatil nákup.	a) Prodavačka počítala peníze. Petr kupoval knihu. Christian platil nákup. b) Nevím, co se říká, jak se platí. Rád nakupuji. Nerad telefonuji.

3 Eine abgeschlossene Handlung kann nur der Vergangenheit angehören oder für die Zukunft geplant sein. Die vollendeten Verbformen haben kein Präsens. Die grammatische Präsensform drückt Zukunft aus.

Präteritum:	koupil jsem	kupoval jsem
	zaplatil jsem	platil jsem
	spočítal jsem	počítal jsem
Präsens:	0	kupuji
		platím
		počítám
Futur:	koupím	budu kupovat
	zaplatím	budu platit
	spočítám	budu počítat

4 Přečtěte:
(Bestimmen Sie den Aspekt und begründen Sie seinen Gebrauch!)

1. Už jsi všechno nakoupil? Ještě všechno nemám, musím koupit ještě mýdlo a pastu na zuby.
2. Jakou pastu kupuješ? Kupuji fluoru.
3. Kde je Christian? Christian nakupuje.
4. Jdeš nakupovat? Můžeš mi koupit máslo?
5. Potřebuji mléko a housky. Musím jít na nákup. Potřebuješ také něco?
6. Víš, kde Petr bydlí? Vím, bydlí v Moravské ulici.
7. Kolik chceš chleba, celý nebo ti stačí půlka? Půlka mi stačí.
8. Šedesát jedna dvacet. Zaplatíte u pokladny.
9. Počítáš peníze? Už jsem všechno spočítal.

. . . . a ještě
jeden
kamínek

5 Nemohli jsme koupit eidam, neměli ho.

Verneinung der Verbformen im Präteritum und im zusammengesetzten Futur.
Das Präfix *ne-* verbindet sich:
– *im Präteritum* mit der Form des Vollverbs (*nepsal* jsem),
– *im zusammengesetzten Futur* mit der Form des Hilfsverbs být (*nebudu* psát).

Nepsal jsem dopis.	*Nebudu psát* dopis.
Nevěděl jsem, co mám říci.	*Nebudu vědět,* co mám říci.
Včera *jsem nenakupoval.*	Zítra *nebudu nakupovat.*

6 Bilden Sie Zeitformen!

bydlet, obědvat, vařit, potřebovat, nakoupit, moci, jít, ukázat, nakupovat, musit, znát, dávat, dát, stačit, spočítat, počítat, vracet, vrátit, říkat, říci, ukázat, ukazovat

M bydlím, bydlel jsem, budu bydlet

7 Bilden Sie kurze Sätze mit diesen Verben!

M Christian bydlí v koleji. Bydlil v hotelu. Bude bydlit rok v Praze.

8 Verneinen Sie!

1. Koupil jsem mléko a housky. 2. Budu kupovat pastu na zuby. 3. Budeme bydlit v hotelu. 4. Spočítal to dobře. 5. Potřebovali jsme hodně času. 6. Bude mi to stačit. 7. Petr je v Berlíně. 8. Christian chodí do knihovny. 9. Jeli jsme autobusem. 10. Šli jsme pěšky.

9 ... a ještě něco

Jak se nakupuje? Jak se to říká?

Das allgemeine Subjekt (im Deutschen die Konstruktion man + 3. Pers. Sg.) wird im Tschechischen mit Hilfe des Reflexivpronomens und dem in der Regel imperfektiven Verb in der 3. Pers. Sg. gebildet.

10 Přečtěte:

Das tut man nicht.	To se nedělá.
Das darf man nicht.	To se nesmí.
Das kann man!	To se může!
Wie sagt man das?	Jak se to říká?
So sagt man es nicht.	Tak se to neříká.

11 Přečtěte a přeložte:

Jak se nakupuje? Kde se nakupuje? Co se při nákupu říká? Kde se platí? Říká se kilogram cukru nebo kilo cukru? Počítá se na gramy nebo na dekagramy? Platí se u prodavačky nebo u pokladny?

Co musíme vědět i umět

12 Osmnáct a šest je dvacet čtyři.

Beim Zählen des Geldes beim Einkaufen und beim Rechnen wird die erste Form des zusammengesetzten Numerale (vgl. Lektion 1): dvacet jedna, čtyřicet pět, padesát šest, třicet osm usw. bevorzugt.

13 A hned si to vyzkoušíme:
Kolik je to dohromady? Kolik je to?

Zählen Sie mit:

1 a 24 je 25. 18 a 5 je dvacet tři. 27 a 6 není dvacet devět.

A teď jenom vy:

Kolik je 27 a 6 (17 a 9 / 13 a 8 / 18 a 7 / 27 a 1 / 22 a 7 / 24 a 9 / 23 a 9 / 31 a 4 / 36 a 5 / 37 a 8 / 39 a 7 / 29 a 11)?

14 Teď se vás osmá lekce ptá, co jste se učili v sedmé.

Ergänzen Sie richtige Formen!
Kolik (houska) si přejete? Prosil bych čtyři (houska) a jedno (máslo). Musím si koupit dvě (mýdlo). Prosil bych dva (chléb). Mám několik (jablka). Musím koupit dvacet (houska). Nekupuji mnoho (salám).

Christian má v pokoji dva (stůl), tři (křeslo), dvě (polička na knihy). Má mnoho (kniha). Na stole má několik (formulář).

Kolik má Jana (sestra)? Jana nemá sestry, má dva (bratr). A Christian? Kolik má (bratr)? Christian má jednoho bratra. A kolik má (sestra)? Nemá sestru.

Zapište si za uši:

15 Das Numerale *jeden, jedna, jedno* wird wie das Pronomen *ten, ta, to* dekliniert.

Alena má jednoho bratra a dvě sestry.
Jedna houska stojí 35 haléřů. Koupím jednu housku.
Koupím jedno máslo a jeden sýr.

16 Kolik chleba, celý nebo půlku?

Maß- und Gewichtsangaben:

čtvrt	kilogram (kilo) kg;
půl	dekagram (deka) dkg;
tři čtvrtě	litr l

Der gemessene oder der gewogene Gegenstand steht nach Maß- und Gewichtsangaben im Gen. Sg.

Zapište si za uši:

čtvrt kila (másla), půl litru (piva), kilo a půl (jablek), 20 dkg (deka) (sýra)
Říkáme ale:
půlka chleba

17 Stojí to dvě koruny a padesát haléřů.

Die Zahlungsmittel sind:
Peníze (Pl. tantum), m.

koruna (Kčs)	marka
haléř (h)	fenik (Pf.)

18 Kolik peněz ještě máš?

Přeložte:

Ich habe: 1 Krone, 5 Kronen, 3 Kronen, 30 Heller, 70 Pfennige, 10 Mark, 25 Kronen, 36 Mark, 20 Kronen, 15 Heller.

19

Papírové peníze:		Mince:	
desetikoruna	Zehnkronenschein	desetník	Zehnhellermünze
dvacetikoruna	Zwanzig- „	dvaçetník	Zwanzig-
padesátikoruna	Fünfzig- „	padȩsátník	Fünfzig-
stokoruna	Hundert- „	koruna	Einkronenstück
pětistykoruna	Fünfhundert- „	dvoukoruna	Zwei- „
tisícikoruna	Tausend- „	pětikoruna	Fünf- „

20 Lesen Sie:

1. Ta kniha stojí 9,50 M. 2. 10 dkg sýra stojí 2,50 Kčs. 3. Jízdenka na metro nebo autobus v Praze stojí 4 Kčs. 4. Večerní Praha stojí 2,50 Kčs. 5. U nás stojí jedna houska 0,30 M, u pana Vodičky v Dejvicích 2 Kčs. Čtvrt kila másla stojí 2,40 M, v Praze 10 Kčs.

PROSIL BYCH ČASOPIS „NAŠE PŘÍRODA". PROMIŇTE: „VAŠE PŘÍRODA".

21 Co se často říká:

Kolik (sýra, salámu, . . .) si přejete?
Co si přejete? Vaše přání?
To stačí.
Kolik stojí . . .?
Zaplatíte u pokladny.

Nemáte drobné?
Prosil bych . . . (20 deka salámu v celku; 5 deka mleté kávy; 10 deka sýra nakrájet . . .)

22 Co ještě budeme nakupovat?

Některé druhy zboží:	
Ovoce zelenina	brambora, -y f.; okurka, -y f.; banán, -u m.; pomeranč, -e m.; salát, -u m.; švestka, -y f.
Drogerie	šampón, -u m.; prací prášek, -u m.; hřeben, -u m.; krém, -u m. (na ruce, na opalování); kartáček, -u m. (na zuby, na ruce);
Maso uzeniny	maso, -a n.; salám, -u m.; párek, -u m.; šunka, -y f.
Pečivo	rohlík, -u m.; oplatka, -y f.; sušenka, -y f.;
Cukrárna	dort, -u m.; bonbón, -u m.; čokoláda, -y f.; zákusek, -u m., zmrzlina, -y f.
Nápoje	sodovka, -y f.; mošt, -u m.; víno, -a n.; džus, -u m.; tonik, -u m.

23 Ceny zboží

Dnes nabízíme:
limonáda: 3,– Kčs, oplatky: 5,60 Kčs, zákusek: 3,60 Kčs, zmrzlina: 2,50 Kčs, bonbóny: 4,50 Kčs, obložený chlebíček (belegtes Brötchen): 3,80 Kčs; pohlednice: 1,60 Kčs, plán Prahy: 20,– Kčs, suvenýr: 10,50 Kčs; mýdlo: 3,50 Kčs / 4,– Kčs / 10,– Kčs, pasta na zuby: 4,60 Kčs / 7,50 Kčs, kartáček na zuby: 4,50 Kčs, krém na opalování: 10,– Kčs.

Zapište si za uši:

24 Prosil bych pět deka kávy *za* 14,50. Ich möchte 50 g Kaffee *zu* 14,50.
Prosím jedno mýdlo *za* deset korun. Eine Seife *zu* 10 Kronen bitte.

25 Beantworten Sie:

a) Kolik u nás stojí chléb, máslo, mléko, káva, jablka, pomeranče, šunka, cukr?
b) Byli jste nakupovat. Co jste nakoupili a kolik jste zaplatili?

26 Co se často říká (ale ne v obchodě při nákupu):

To nemá cenu!	Das hat keinen Zweck!
Za každou cenu.	Koste es, was es wolle.
Zná svou cenu.	Er/Sie weiß, was er/sie wert ist.

Ukažte, co umíte

27 Christian möchte noch etwas einkaufen. Gestalten Sie in Anlehnung an den Text 1 entsprechende Einkaufsgespräche! Nutzen Sie dazu die fakultative Lexik.

M V drogerii
Christian: Prosil bych dvě mýdla a jednu pastu na zuby.
Prodavačka: A další přání?
Christian: Ještě bych prosil kartáček na zuby.

Potraviny
Christian: Prosil bych pět housek, jedno máslo a 10 deka sýra.
Prodavačka: Jaký sýr si přejete?
Christian: Třeba eidam.
Prodavačka: Ještě něco, prosím?
Christian: To je všechno, děkuji.

Určitě se jí něco muselo stát. Jestli nepřijde do pěti minut, ohlásíme to na VB. (policie)

Zelenina
Christian: Prosil bych kilo jablek.
Prodavačka: Máme zelená a červená jablka. Která si přejete?
Christian: Kolik stojí ta zelená jablka?
Prodavačka: Deset korun kilo.
Christian: Prosil bych kilo těch zelených jablek.

28 Opakování je matka moudrosti

Bilden Sie die richtigen Formen!

1	Schule, Haus, Fluß, Berg, Einwohner
3	Busse, Brüder, Koffer, Bücher
5	Fahrkarten, Städte, Sessel, Fenster
viele	Autos, Zeitschriften, Studenten, Hotels
einige	Plätze, Büchereien, Geschäfte, Fahrräder, Burgen

29 Verlangen Sie im Geschäft (nutzen Sie dazu auch die fakultative Lexik):

20 dkg	(salám, sýr, bonbóny)	1/4 kg	(máslo, sýr, salám)
1/2 kg	(maso, jablko)		
5 dkg	(káva)		
kg	(cukr, jablko)	1,5 kg	(jablko); 1 l (mléko); 1/2 l (pivo)

30 Sagen Sie Ihrem tschechischen Freund, was in Ihrem Land bestimmte Lebensmittel im Durchschnitt kosten!

31 Fragen Sie Ihren tschechischen Freund, was bestimmte Lebensmittel kosten.

32 Schreiben Sie tschechisch einen Einkaufszettel und lesen Sie ihn laut vor!

33 Gestalten Sie mit verteilten Rollen Einkaufsgespräche! Suchen Sie sich in der fakultativen Lexik dazu Geschäfte und Ware aus!

34 Lesen Sie laut und beantworten Sie die Fragen!

Co se říká v obchodě? Kde se platí, u prodavačky nebo u pokladny? Co se kupuje v drogerii? Může se říci 200 g salámu? Říka se půl chleba nebo půlka chleba?

35 Ergänzen Sie passende Aspektformen und begründen Sie Ihre Entscheidung!

1. Už jsi to (počítal/spočítal)? Kolik to je? 2. Po nákupu Petr (vrátil/vracel) Christianovi 30 korun. 3. Christian (koupil/kupoval), co potřeboval a teď to nese domů. 4. Musím něco (nakoupit/nakupovat). 5. Už jsi to (platil/zaplatil), můžeme už jít? 6. Rád (nakoupím/nakupuji). 7. Rád ti (nakoupím/nakupuji). 8. Co se (koupí/kupuje) tady v tom obchodě? 9. Už ti Christian (vrátil/vracel) tu knihu? Ještě ne, (vrátí/vrací) mi ji zítra!

Nabídka dne

36 Na vánočním trhu

K předvánoční náladě patří návštěva vánočního trhu. Vánoční trh v Praze je na Staroměstském náměstí, v krásném prostředí starobylých domů. Před radnicí stojí velký vánoční strom, září světly svíček. U stánků si můžeme koupit něco dobrého, perníky, párky v rohlíku, oplatky – každý podle své chuti. Můžeme tu také nakoupit dárky, vánoční ozdoby, vánoční cukroví. Všude jsou slyšet vánoční koledy.

V Berlíně je vánoční trh spojen s poutí – kolotoče, houpačky a jiné atrakce tu lákají malé i velké návštěvníky a nabízejí zábavu a rozptýlení. Každý si kromě zážitků něco odnáší domů – perníkové chaloupky, turecký med, pražené mandle.

37 Prägen Sie sich die Lexik ein!

celý	ganz
cukr, -u m.	Zucker
kostkový cukr	Würfelzucker
čtvrt, -i f.	Viertel
dekagram -u, m., deka	10 Gramm
dohromady	zusammen
fenik, -u m.	Pfennig
haléř, -e m.	Heller
houska, -y f.	Brötchen
chléb / chleba, -a m.	Brot
jablko, -a n.	Apfel
jaký	was für ein?
jestli	wenn, falls
jídlo	Essen
kartáč / kartáček, -u m.	Bürste
kartáček na zuby	Zahnbürste
kilogram, -u m.	Kilogramm
kilo -a n.	
litr, -u m.	Liter
marka, -y f.	Mark
máslo, -a n.	Butter
mléko, -a n.	Milch
mýdlo, -a n.	Seife
nakupovat II, unv.	einkaufen
nakoupit III, v.	
nákup, -u m.	Einkauf

nějaký	irgendein
obchod, -u m.	Geschäft
obchod s potravinami	Lebensmittelgeschäft
pasta, -y f.	Paste
pasta na zuby	Zahnpaste
peníze, Gen. peněz, Pl., n.	Geld
platit III, unv.	bezahlen
zaplatit III, v.	
počítat I, unv.	zählen, rechnen
spočítat I, v.	
pokladna, -y f.	Kasse
pokladní, -í f.	Kassiererin
přání, -í n.	Wunsch
při + Präp.	bei
půl	halb
půlka, -y f.	Hälfte
raději	lieber
salám, -u m.	Wurst
dietní salám	Diätwurst
sice	zwar
správně	richtig
sýr, -a m.	Käse
takže	so daß
vracet III, unv., vracejí	zurückgeben
vrátit III, v.	

Prägen Sie sich die Wendungen ein:

jít na nákup	einkaufen gehen
Co si přejete, prosím?	Was wünschen Sie, bitte?
Vaše přání, prosím?	
A další přání?	Und noch ein Wunsch?
Prosil bych . . .	Ich möchte bitte . . .
To stačí.	Das/Es genügt, reicht
Stačí říci . . .	Es genügt zu sagen . . .
dávat pozor	aufpassen, achtgeben
10 dkg salámu v celku	100 Gramm Wurst im Stück
nakrájet	in Scheiben
Zaplatíte u pokladny.	Sie zahlen an der Kasse.
Zboží dostanete u výdeje.	Ihre Ware erhalten Sie an der Warenausgabe.
Nemáte drobné?	Hätten Sie Kleingeld?
cukrárna, -y f.	Konditorei
chléb – pečivo	Backwaren
lahůdka, -y f.	Delikatesse
maso – uzeniny	Fleisch- und Wurstwaren
mléčné výrobky	Milchprodukte
ovoce – zelenina	Obst und Gemüse
drogerie	Drogerie
zboží, -í n.	Ware
výdej, -e m.	Ausgabe
gram, -u m.	Gramm
drobné, -ých, Pl., n	Kleingeld

9

U Pavla ve škole

1 *Christian:* Ukážeš mi vaši školu, Pavle?

Pavel: Samozřejmě, když chceš. Pojď se mnou, mám odpoledne němčinu. Musím si ale ještě *připravit věci.*

Christian: A já musím napsat Petrovi, že jsem šel s tebou do školy a kdy přijdu zpátky. Co všechno na *vyučování* potřebuješ? A co všechno máš v *tašce*?

Pavel: Mám tam *učebnice, sešity, slovník, pero* a *tužku.*

Christian: Kolikrát za týden máte němčinu?

Pavel: Třikrát.

Christian: Co všechno *děláte* v *hodinách* němčiny?

Pavel: Tak například *čteme* texty lekcí, *kontrolujeme domácí úkoly*, děláme *cvičení, překládáme, odpovídáme* na *otázky* a tak podobně, často také *opakujeme. Někdy* musíme tvořit *rozhovory*, ale to je pro nás moc *těžké.* Teď jsme u šesté lekce.

Christian: Víš co, přečtu si tu lekci a *vyzkouším* tě.

Pavel: Zkoušet mě můžeš, ale nesmíš být moc přísný.

Christian: A kolik *lekcí* je v učebnici?

Pavel: 18 lekcí.

Christian: Jakou *známku* máš z němčiny?

Pavel: Loni jsem měl na *vysvědčení dvojku*, ale letos chci dostat *jedničku.*

Christian: Jaké předměty máte? A jaké předměty máš rád?

Pavel: Ukážu ti potom *rozvrh hodin.* Mám rád *jazyky*, matematiku a chemii.

Christian: A které jazyky se učíte?

Pavel: Ruštinu a němčinu.

Ve škole

Pavel: Tak to je naše škola. Můžeš jít se mnou, ukážu ti naši třídu. Tady je, osmá B.

Christian: Máte stoly nebo lavice?

Gymnázium v Botičské ulici

Pavel: Máme stoly a židle.

Christian: A kde máte *tělocvičnu*?

Pavel: Hned vedle školy. Naše tělocvična je hodně velká. Máme zde také sprchy s teplou a studenou vodou. A tam před námi je *hřiště*, kde na *jaře* a na *podzim cvičíme.*

Christian: Už zvoní. Tak já už půjdu. Děkuji ti Pavle, že jsi mi ukázal vaši školu.

Pavel: Pomůžeš mi pak s *domácím úkolem* na zítra?

Christian: To víš, že ano. Tak ahoj.

2 Zapište si za uši:

zkoušet (unv.) – vyzkoušet (v.) někoho z něčeho

Zkoušel (vyzkoušel) Pavla z němčiny.

dostat známku z něčeho

Jitka dostala dvojku z němčiny.

dostat známku na vysvědčení z něčeho

Matthias dostal na vysvědčení dvojku z němčiny.

domácí úkol z nějakého předmětu na kdy

Osmá B dostala domácí úkol z chemie na středu.

Tvoření slov

3 Kolikrát za týden máte němčinu?

Die Wiederholungszahlwörter werden durch Hinzufügung des Suffixes *-krát* zum Grundzahlwort bzw. unbestimmten Zahlwort gebildet:

kolik + krát	kolikrát	wie viele Male, wie oft
dvacet + krát	dvacetkrát	zwanzigmal
dva + krát	dvakrát	zweimal

KOLIK JAZYKŮ ZNÁŠ, TOLIKRÁT JSI ČLOVĚKEM. AČKOLIV VÁS, HORÁČKU, BYCH NERAD VIDĚL VÍC, NEŽ V JEDNOM EXEMPLÁŘI.

4 Zapište si za uši:

– Für einmal verwendet man neben *jedenkrát* sehr häufig

jednou

– Das Suffix *-krát* (-mal) wird auch beim Multiplizieren verwendet:

dvakrát dvě jsou čtyři
třikrát pět je patnáct

5 A zase budeme počítat:

2 × 3 = ? 5 × 8 = ? 5 × 5 = ? 6 × 6 = ? 10 × 5 = ?

Fragen Sie Ihren Mitschüler *„Kolik je třikrát šest?“* Stellen Sie weitere ähnliche Fragen!

Kámen úrazu,
ale s chutí
do toho a půl
je hotovo

6 Čteme texty lekcí a potom učitelé kontrolují domácí úkoly

Deklination weicher Substantive (Plural):

	Maskulinum		Neutrum		Femininum	
	bel.	unbel.				
N.	muž*i* **učitelé**	stroje	moře	růže	písně	radost*i*
G.	muž*ů*	stroj*ů*	moří, **hřišt**	růží, **ulic**	písní	radostí
D.	muž*ům*	stroj*ům*	mořím	růžím	písním	radost**em**
A.	muže	stroje	moře	růže	písně	radosti
V.	muž*i*!	stroje!	moře!	růže!	písně!	radost*i*!
P.o	mužích	strojích	mořích	růžích	písních	radost**ech**
I.	muži	stroji	moři	růž*emi*	písn*ěmi*	radost**mi**

Zapište si za uši:

7 Ve městě máme několik nových ulic, škol a hřišť.

Beachten Sie, daß Feminina auf *-ice* und Neutra auf *-iště* im Gen. Pl. endungslos sind.

Přečtěte:
1. Kolik lavic máte ve třídě? 2. Potřebuji několik nových učebnic. 3. Kolik hřišť je ve vašem městě? 4. Jdeme do ulic Starého města.

8 Přečtěte:

Učitel*é* vidí dobře celou třídu.
Máte klíče od pokoj*ů*?
Kolik českých písn*í* znáte?
Kolik učebnic máš v tašce?

Ještě všem		věc*em* nerozumím.
Děkujeme našim		učitel*ům*.
Připravím si		věc*i*.
Koupím si nové		učebnic*e*.
Máme čtyři		pokoj*e*.
		Chlapc*i*, kde je osmá B.
	V	učebnic*ích* jsou zajímavé texty.
Jedeme s našimi		učitel*i* do Krkonoš.
Kam jdete a těmi		židl*emi*?

9 Přečtěte a přeložte:

1. Odpoledne mám vyučování, musím si připravit věci: několik učebnic, sešitů a pero.
2. Kolik lekcí je v učebnici němčiny? V učebnici němčiny je 18 lekcí.
3. Ve třídách jsou nové tabule, stoly a židle.
4. Kde jsou vaši učitelé? Naši učitelé jsou u ředitele.
5. Mají z vás vaši učitelé radost? To nevíme.
6. Kolik jazyků znáš, tolikrát jsi člověkem.

... a ještě
malý oříšek

10 Christian má v pokoji všechno, co potřebuje. Všemu nerozumím.

Das Pronomen *všechen, všechna, všechno* wird wie das Pronomen *náš, naše, naše* dekliniert. Es werden vorwiegend alle Formen des Plurals und die Formen des Neutrums im Singular gebraucht.

Neutrum Sg.			Mask., Fem. und Neutrum im Pl.		
N. To je	všechno.		Byli tam	všichni	žáci,
			Byly tam	všechny	sešity, knihy
			Byla tam	všechna	kola.
G. Zkouší ze	všeho.		Máte sešity od	všech	žáků?
D.	Všemu	nerozumím.	Nerozumím	všem	slovům.
A. Máš	všechno?		Máme s sebou	všechny	žáky, klíče,
				všechna	tašky, pera.
P. Mluvím o	všem	možném.	Mluvíme o	všech	žácích.
I. Přijde se	vším.		Pojedeme se	všemi	studenty.

Přeložte:

11 1. Co všechno potřebuješ? 2. Zkouší nás ze všech předmětů. 3. Máš všechny úkoly na zítra? 4. Rozumíš všemu? 5. Rozumíš všem slovům? 6. Byli tam všichni žáci. 7. Mám už všechno. 8. Mluvíme o všem možném. 9. Líbí se mu všechno. 10. Chce všechno možné. 11. Přišel se vším.

12 Co se často říká:

všechno možné	alles mögliche
se vším všudy	ganz und gar; mit allem drum und dran

. . . a ještě něco

13 Opakování je matka moudrosti. Devátá lekce se teď ptá, co jste dělali v osmé.

Die Aspektformen werden häufig mit Hilfe von Präfixen gebildet:

číst (unv.)	přečíst (v.)
psát (unv.)	napsat (v.)
zkoušet (unv.)	vyzkoušet (v.)

14 Přečtěte a přeložte:

1. Vyzkouším tě z němčiny. Zkoušet mě můžeš.
2. Píšeme úkoly. Napíšu Petrovi, že jsem šel s tebou do školy.
3. Čteme texty lekcí. Přečtu si tu lekci a vyzkouším tě.

Begründen Sie die Verwendung der jeweiligen Aspektform.

15 Ergänzen Sie passende Aspektformen!

1. Dnes se (nezkoušelo/nevyzkoušelo). 2. Učitel (zkoušel/vyzkoušel) tři žáky, všichni dostali trojku. 4. Už jsi tu knihu (četl/přečetl), můžeš mi ji půjčit? 5. Večer budu (psát/napsat) úkoly. 6. Musím ještě (psát/napsat) mamince, že přijdu až večer. 7. Rád si (četl/přečetl). 8. Co děláš? (Čtu/Přečtu) si. 9. Co dělá Pavel? (Píše/Napíše) úkoly na zítra. Jeden už (psal/napsal). 11. (Koupil/Kupoval) jsi mi

to mýdlo? Zapomněl jsem na to, ale hned ti ho (koupím/kupuji). 12. Už jsi všechno (nakoupil/nakupoval)? Všechno ne, (koupil/kupoval) jsem jen chléb a máslo. Jablka musím ještě (koupit/kupovat).

15 Antworten Sie (wählen Sie eine der möglichen Antworten):

Tak co? Jak vám to šlo ve 13. cvičení? Jde mi to už dobře. Ještě mi to nejde. Moc ne. Je to těžké. Nerozumím tomu. Jde mi to moc dobře, všemu rozumím. Je to pro mne moc lehké, nemáte něco těžšího?

. . . a ještě nedáme pokoj

17 Teď jsme u deváté lekce.

Die Ordnungszahlen

první	devátý
druhý	desátý
třetí	jedenáctý . . .
čtvrtý	dvacátý, třicátý, čtyřicátý
pátý	padesátý, šedesátý . . .
šestý	stý
sedmý	kolikátý
osmý	několikátý

18 Zapište si za uši:

Die Ordnungszahlen haben die Form von Adjektiven.

první, -í, -í
druhý, -á, -é

und werden auch wie Adjektive dekliniert.
Sie werden manchmal von anderen Wortstämmen als die Grundzahlwörter gebildet,

jeden	*první*
dva	*druhý*
čtyři	*čtvrtý*

oder es kommt zum Vokalwechsel im Wortstamm: *e/ě – á*

5	pět	pátý	20	dvacet	dvacátý
9	devět	devátý	30	třicet	třicátý
10	deset	desátý	40	čtyřicet	čtyřicátý

Známky mě nezajímají! Já už študuju jen pro vlastní potěšení!

Známky mě nezajímají. Já už študuju jen pro vlastní potěšení.

19 Přečtěte a přeložte:

U které lekce jste? Jsme u deváté lekce. Co jste se učili v osmé lekci? V osmé lekci jsme se učili, jak se nakupuje. Co jsi dostal z matematiky? Z matematiky jsem dostal dvojku. Jakou známku jsi měl na vysvědčení z němčiny? Z němčiny jsem měl jedničku. Kolikrát za týden máte češtinu? Češtinu máme třikrát. A kolikrát máte matematiku? Matematiku máme pětkrát za týden.

Co musíme vědět i umět:

20 Chci dostat jedničku.

Für die Zensuren gebraucht man im Tschechischen die substantivierten Zahlwörter: jednička, dvojka, trojka, čtyřka, pětka.

21 V pondělí odpoledne máme němčinu.

Dny v týdnu

pondělí, -í, n.	v pondělí	úkol na pondělí
úterý, -ý, n.	v úterý	úkol na úterý
středa, -y, f.	ve středu	úkol na středu
čtvrtek, -a, m.	ve čtvrtek	úkol na čtvrtek
pátek, -u, m.	v pátek	úkol na pátek
sobota, -y, f.	v sobotu	úkol na sobotu
neděle, -e, f.	v neděli	plán na neděli

22 Jaké předměty znáte?

ROZVRH HODIN

Dni	8–9	9–10	10–11	11–12	12–13	13–14
Pondělí	D	CH	ČJ	N	Ma	Z
Úterý	A	ČJ	TV	B	ČJ	Ma
Středa	I	N	F	A	LP	LP
Čtvrtek	B	D	Ma	ČJ	I	CH
Pátek	TV	F	Ma	Ma	Z	ČJ

Vysvětlivky:

Z zeměpis
D dějepis
CH chemie
F fyzika
B biologie
LP laboratorní práce
A angličtina
TV tělesná výchova
I informatika
Ma matematika
N němčina

Sestavte váš rozvrh hodin!

Poslyšte, Mareček, jestli chcete udržet krok s ostatními, budete muset značně polevit!

Ukažte, co umíte

23 Bestimmen Sie das Genus der Substantive:

dveře, klíč, kolej, ulice, skříň, obyvatel, tramvaj, židle, žízeň, koláč, věc, učebnice, lekce

24 Deklinieren Sie die Substantive aus der Übung 23 und bilden Sie kurze Sätze.

25 Ergänzen Sie die Formen der Substantive!

1. Stáli jsme dlouho u (dveře). 2. Musíte vyplnit ty (formulář). 3. (Autobus) stál hodinu na (hranice). 4. Pavel má ve (skříň) šaty. 5. Kolik (tramvaj) jezdí v Praze? 6. Máme čtyři (pokoj). 7. Ve (skříň) jsou (učebnice) němčiny. 8. Kolik (lekce) má ta učebnice? 9. V této škole je 15 (třída). 10. Musíme si ještě půjčit 5 (židle). 11. Kolik je to (stanice) k Hlavnímu nádraží? 12. Kolik (obyvatel) má Německo? 13. Naši (učitel) s námi pojedou do Plzně.

26 Geben Sie möglichst viele verschiedene Antworten auf folgende Fragen. Nutzen Sie dazu die fakultative Lexik.

Kdy máte který předmět?
V pondělí máme dějepis, ...

V úterý . . . .
Ve středu . . . .
Ve čtvrtek . . . .
V pátek . . . .
V sobotu . . . .
V neděli máme volno!

27 Odpovídejte na otázky:

1. Jakou známku máte z němčiny? 2. Co jsi dostal v 9. třídě z biologíe? 3. Jakou známku chceš dostat z matematiky? 4. Jakou známku jsi měl(a) na vysvědčení z chemie? 5. Na kdy máme domácí úkol z češtiny? 6. Kdo zkoušel Pavla z němčiny?

28 Připravte si svou tašku!

Packen Sic Ihre Mappe und sagen Sie, was alles in die Mappe gepackt werden muß und was nicht in die Mappe hineinkommt. Nutzen Sie dazu die fakultative Lexik.

pouzdro, -a n.	Federtasche
guma, -y f.	Gummi
kalkulátor, -u, m.	Taschenrechner
pravítko, -a n.	Lineal
propisovací tužka, -y, f.	Kugelschreiber
blok, -u m.	Block

29 Übertragen Sie sinngemäß:

Tschechisch haben wir dreimal in der Woche, montags, mittwochs und freitags. Unser Lehrbuch hat 18 Lektionen. Im Unterricht lesen wir Texte, beantworten Fragen und übersetzen. Oft wiederholen wir und kontrollieren auch die Hausaufgaben. In unserem Stundenplan haben wir noch viele andere (jiný) Fächer. Sehr gern haben wir auch Chemie und Mathematik.

Nabídka dne

30 Anekdoten:

1) Přijde pan Procházka do květinářství a ptá se:
„Máte prosím begónie?"
„Begónie nemáme. Mohly by to být petúnie?"
„Nemohly", odpovídá pan Procházka, „zítra se vrátí moje žena z léčení a já jsem slíbil, že budu zalévat begónie."

2) „Má vaše dcera nadání na řeči?"
„Na řeči ano, ale na cizí jazyky ne."

3) Malý chlapeček s tatínkem sleduje start běžeckého závodu a chlapeček se ptá:
„Proč utíkají ti pánové?"
Otec vysvětluje: „Protože první dostane pohár!"
Chlapeček se ptá dál: „A proč běží ti ostatní?"

31 Zazpíváme si:

Na tom pražským mostě

Na tom pražským mostě rozmarýnka roste
žádný ji tam nezalívá, ona sama roste.

Až já tudy půjdu, zalívat ji budu,
ona se mi zazelená, já ji trhat budu.

32 Víte, kdo to je?

Na obrázku je portrét velkého českého pedagoga, který již v 17. století prosazoval moderní myšlenky ve školství. K jeho vrcholným dílům patří Didactica magna (Didaktika velká), Informatorium školy mateřské, Janua linguarum reserata (Brána jazyků otevřená), Orbis pictus (Svět v obrazech), Labyrint světa a ráj srdce atd. V roce 1628 musel odejít natrvalo do exilu a žil v Polsku, Anglii, Švédsku, Uhrách a nakonec v Nizozemí, kde je v Naardenu pohřben.

Geben Sie deutsch die Hauptgedanken des Textes wieder!

33 Prägen Sie sich die Lexik ein!

cvičení, -í n.	Übung
cvičit III, unv.	üben, turnen
číst IV, čtu . . . čtou, unv.	lesen
přečíst, IV v.	
člověk, -a m.	Mensch
čtvrtek, -u m.	Donnerstag
čtyřka, -y f.	Vier
dělat, I, unv.	machen, tun
udělat, I, v.	
dvojka, -y f.	Zwei
hodina, -y f.	Stunde, Uhr
hřiště, -ě n.	Sportplatz
chlapec, -e m.	Junge
jazyk, -a m.	Sprache
jaro, -a, n.	Frühling
jednička, -y f.	Eins
kontrolovat II, unv.	kontrollieren
zkontrolovat II, v.	
lavice, -e f.	Sitzbank
lekce, -e f.	Lektion

neděle, -e f.	Sonntag
někdy	manchmal
nový	neu
obvykle	gewöhnlich
odpovídat I, unv.	antworten
odpovědět, odpovím ... odpovědí, v.	Fragen beantworten
odpovídat na otázky	
opakovat II, unv.	wiederholen
zopakovat II, v.	
otázka, -y f.	Frage
pátek, -u m.	Freitag
pero, -a n.	Füllfederhalter
pětka, -y f.	Fünf
podzim, -u, m.	Herbst
předmět, -u m.	Unterrichtsfach
překládat I, unv.	übersetzen
přeložit III, v.	
přijít, IV., v., přijdu ... přijdou	kommen, ankommen (zu Fuß)
připravovat, II, unv.	vorbereiten
připravit III., v.	
rozvrh hodin	Stundenplan
ředitel, -e m.	Direktor
sedět III, unv.	sitzen
sešit, -u m.	Heft
slovník, -u m.	Wörterbuch
slovo, -a n.	Wort
středa, -y f.	Mittwoch
tam	dort
tabule, -e f.	Tafel
taška, -y f.	Tasche
text, -u m.	Text
tělocvična, -y f.	Turnhalle
těžký	schwer
trojka, -y f.	Drei
třída, -y f.	Klasse
tužka, -y f.	Bleistift
učebnice, -e f.	Lehrbuch
úkol, -u m.	Aufgabe
domácí úkol	Hausaufgabe
úterý, -y n.	Dienstag
věc, -i f.	Sache
vysvědčení, -í n.	Zeugnis
vyučování, -í n.	Unterricht
zkoušet III, unv. -ejí	prüfen
vyzkoušet III, v. -ejí	
známka, -y f.	Zensur, Marke
Zvoní.	Es klingelt.
Někdo zvoní.	Jemand klingelt (an der Tür).
To víš, že ano.	Aber natürlich. Na klar.
rozhovor, -u m.	Gespräch
zde	hier

10

Procházka městem

1 Dnes jde Petr s Christianem na procházku Prahou. Hned *ráno* v devět hodin *se sešli* na Václavském náměstí.

Christian: Kde *začneme* naši procházku? Odkud *vyjdeme*?

Petr: Začneme *tradičně* – Starým městem. Půjdeme tak zvanou Královskou cestou. Začíná u Prašné *brány*.

Christian: Kudy vede Královská cesta?

Petr: Ukážu ti to nejdříve na *mapě*. Od Prašné brány Celetnou ulicí na Staroměstské náměstí, *odtud okolo* Staroměstské radnice na Malé náměstí, pak Karlovou ulicí okolo *pomníku* Karla IV. (čtvrtého) na Karlův *most*, po Karlově mostě přes Vltavu Mosteckou branou na Malou Stranu. Mosteckou ulicí na Malostranské náměstí a Nerudovou ulicí okolo chrámu svatého Mikulaše nahoru na Pražský hrad (Hradčany).

Christian: Myslel jsem, že kostel svatého Mikuláše je na Staroměstském náměstí.

Petr: Kostel svatého Mikuláše ano, ale chrám svatého Mikuláše je na Malé Straně.

Christian: Nerudova ulice se jmenuje podle *světoznámého chilského básníka* Pabla Nerudy?

Petr: Ne, *je to jinak*. Jmenuje se podle *významného* českého básníka, spisovatele a novináře z minulého století, Jana Nerudy. Jan Neruda v této uličce bydlel v domě „U dvou slunců". Pablo Neruda si *zvolil* toto jméno už v *mládí* za pseudonym. Četl jsem o tom v jeho vzpomínkách. Také, že při návštěvě Prahy šel nejdříve k pomníku Jana Nerudy na Malé Straně.

Petr: Na Hrad se můžeme ale dostat také z Nerudovy ulice *odbočkou* doprava přes tzv. Nové zámecké *schody*.

Christian: Od Pražského hradu je *krásný* výhled na Prahu.

Petr: Ano, když je hezké *počasí*. Pak máme výhled *nejen* na Prahu, *ale i daleko* do *okolí*. Potom se můžeme *rozhodnout*, jak půjdeme dál. Odtud můžeme jít dále buď doprava hradním nádvořím* k Chrámu svatého Víta, k Zlaté uličce a dolů na Staré zámecké schody (odtud dolů na Klárov, na stanici metra Malostranská), anebo z nádvoří ven a doprava za roh k Belvederu (Letohrádku královny Anny) anebo doleva nahoru přes Hradčanské náměstí k Loretě.

Christian: To dnes nemůžeme *stačit*, ale *postupně* si určitě všechno *podrobně prohlédnu*. Tak, a teď jdeme.

* Burghof

Prašná brána

Staroměstské náměstí s Kostelem svatého Mikuláše

Křižovnické náměstí

Malostranské náměstí
Dům u dvou slunců

Nové zámecké schody

Loreta

Tvoření slov

2 Unbestimmte Pronomen, Adverbien und Numerale werden mit Hilfe des Präfixes *ně-* (irgend-) gebildet.

Přečtěte:

co	*Ně*co znám z knih a časopisů.
kdo	*Ně*kdo zvoní.
kde	*Ně*kde to mám.
kam	*Ně*kam jsem si to napsal.
kudy	Zpátky půjdeme *ně*kudy jinudy.
kdy	Přijdu *ně*kdy jindy, *Ně*kdy nás navštěvuje.
který	*Ně*kterou z těch knih už jsi četl.
jaký	Nemáš *ně*jaký český slovník?
kolik	Musím koupit *ně*kolik housek.
kolikrát	Byl jsem tady už *ně*kolikrát.

Kámen úrazu, ale ať: s chutí do toho a půl je hotovo

3 Präpositionen und Adverbien zur Wiedergabe lokaler Beziehungen

Wo? Kde?		Kde se sejdeme?
na + Präp.	(auf)	Sejdeme se *na* Václavském náměstí.
v + Präp.	(in)	Sejdeme se *v* Mostecké ulici.
u + Gen.	(an, bei)	Sejdeme se *u* Prašné brány.
		Kde je . . .? Kde jsou . . .?
vpravo	(rechts)	Kostel svatého Mikuláše je *vpravo.*
vlevo	(links)	Nové zámecké schody jsou *vlevo.*
nahoře	(oben)	Restaurace je *nahoře.*
dole	(unten)	Recepce je *dole.*

za rohem	(um die Ecke)	Valdštejnská hospoda je *za rohem.*
na rohu	(an der Ecke)	Restaurace U Schnellů je *na rohu.*
vedle + Gen.	(neben)	*Vedle* Prašné brány je Obecní dům.
vpředu	(vorn)	*Vpředu* je chrám svatého Víta.
vzadu	(hinten)	*Vzadu* je Zlatá ulička.

Vpravo katedrála ze čtrnáctého století, vlevo průměrný obyvatel.

Odkud? Woher? — Odkud vyjdeme?

od + Gen.	(von)	Vyjdeme *od* Prašné brány.
z + Gen.	(aus)	vyjdeme *z* nádvoří.
odtud	(von dort)	Je to *odtud* blízko.
odsud	(von hier)	Je to *odsud* daleko.

Kudy? Wo entlang? — Kudy půjdeme?

Instr. d. Subst.	(durch)	Půjdeme Celetnou ulicí.
		Půjdeme parkem.
okolo + Akk.	(an . . . vorbei)	Půjdeme *okolo* radnice.
přes + Akk.	(über)	Přejdeme *přes* ulici.
po + Präp.	(auf)	Půjdeme *po* Karlově mostě.
tudy	(da entlang)	Chceš jít *tudy*?
jinudy	(anders entlang)	Musíme jít *jinudy.*

Kam? Wohin? — Kam půjdeme? Kam pojedeme?

na + Akk.	(auf)	Půjdeme *na* Václavské náměstí.
do + Gen.	(in)	Půjdeme *do* Mostecké ulice.
k + Dat.	(zu)	Půjdeme *k* radnici.

doleva	(nach links)	Půjdeme teď *doleva* nohoru.
doprava	(nach rechts)	Půjdeme *doprava* dolů.
nahoru	(nach oben)	Půjdeme po schodech *nahoru.*
dolů	(nach unten)	Pojedeme po eskalátoru* *dolů.*
za roh	(um die Ecke)	Půjdeme z nádvoří *za roh* k Belvederu.

4 Bilden Sie die richtigen Formen!

1. Hotel je u (park). 2. Jsme ve (škola). 3. Jdeme (Celetná ulice) na (Staroměstské náměstí). 4. Pomník Mistra Jana Husa je na (Staroměstské náměstí). 5. Půjdeme nahoru po (zámecké schody). 6. To je most přes (Vltava). 7. Musíme přejít přes (ulice). 8. Vyjdeme od (Prašná brána). 9. Ještě z (dům) nevyšel. 10. Jdeme k (most). 11. Jdeme na procházku do (park). 12. Půjdeme okolo (škola) až k (Mostecká ulice) a pak doprava.

5 Bilden Sie Fragen zu den Sätzen aus Übung 2!

M Kde je hotel?

6 Přeložte:

Wir gehen nach links zur Burg. Jetzt müssen Sie hinuntergehen. Kommen Sie nochmal herauf? Er läuft über die Brücke. Die Gaststätte ist an der Ecke. Der Laden ist um die Ecke. Neben dem Rathaus ist ein Hotel. Wir gehen zum Rathaus. Peter und Christian sind in der Gaststätte. Ist die Neue Schloßtreppe links oder rechts von der Neruda-Gasse? Wenn Sie nach oben laufen, dann rechts, wenn Sie von der Burg nach unten laufen, dann links.

. . . a ještě několik oříšků

7 Zusammengesetze Sätze oder Satzglieder im einfachen erweiterten Satz werden mit Hilfe von Konjunktionen verbunden, so z. B. von folgenden:

Přečtěte:

a (und)	Půjdeme přes Karlův most na Malostranské náměstí *a* pak Nerudovou ulicí na Hrad. Jan Neruda v této ulici žil a pracoval v domě „U dvou slunců.“

* Rolltreppe

ale (aber)	Chci se dostat ke Staroměstské radnici, *ale* nevím, kudy mám jít.
sice ... ale (zwar ... aber)	Text je pro mne *sice* ještě dost těžký, *ale* se slovníkem jsem ho přečetl.
že (daß)	Děkuji Ti, *že* jsi mi půjčil ty krásné knihy o Praze a o Československu.
nebo (oder)	Na Hrad můžeme jít Nerudovou ulicí *nebo* po Nových zámeckých schodech.
buď – anebo (entweder-oder)	Můžeme jít *buď* doprava k Chrámu svatého Víta *anebo* doleva nahoru k Loretě.
když (wenn)	*Když* je hezké počasí, je odtud krásný výhled na Prahu.
nejen ... ale i (nicht nur ... sondern auch)	Pak máme výhled *nejen* na Prahu, *ale i* daleko do okolí.

8 Ergänzen Sie passende Konjunktionen!

Jsem rád, ... mi ukážeš Prahu. Jsi hodný, ... mi pomůžeš. Byl jsem tady už několikrát, ... vždy jen krátce. Můžete jít ... také pěšky, ... je to daleko. Můžete jet ... metrem ... tramvají. ... půjdeme k Chrámu svatého Víta ... k Loretě. ... je hezké počasí, je odtud krásný výhled. Půjdeme ještě do Belvederu, ... chceš. Vím, ... se ta ulice jmenuje Nerudova. Myslil jsem, ... se jmenuje podle Pabla Nerudy. Půjdeme Karlovou ulicí ... pak přes Karlův most na Malou Stranu.

9 Beantworten Sie unter Verwendung passender Konjunktionen:

1. Byli jste už v Praze? 2. Víte, kudy vede Královská cesa? 3. Kudy se jde na Hrad? 4. Je Staroměstská radnice na Malostranském náměstí? 5. Co víte o Janu Nerudovi? 6. Jmenuje se Nerudova ulice podle Pabla Nerudy? 7. Byl pro vás ten text moc těžký? 8. Odkud a kdy je hezký výhled na Prahu?

10 Übersetzen Sie:

1. Text je sice těžký, ale Petr mi ho pomohl přeložit. 2. Na Hrad se můžeme ale dostat také jinudy. 3. Půjdeme přes Karlův most nebo pojedeme metrem? 4. Když je hezké počasí, je odtud krásný výhled. 5. Můžeme jít doprava na Hrad anebo doleva nahoru k Loretě. 6. Můžete jít buď Nerudovou ulicí anebo po Nových zámeckých schodech. 7. Můžete jet autobusem nebo metrem. 8. Ta cesta je sice také hezká, ale já chci jít přes Staroměstské náměstí. 9. Když budete chtít, můžeme se podívat do Lorety.

Ukažte,
co umíte:

11 Lesen Sie folgende Gespräche laut!

a) – Prosím Vás, jak se dostanu k Valdštejnské hospodě?
– Půjdete Mosteckou ulicí až dojdete k Malostranskému náměstí, půjdete hned doprava za roh až k přechodu, přejdete ulici, půjdete okolo restaurace U Schnellů rovně dál, až dojdete na Valdštejnské náměstí a tam hned vpravo za rohem je Valdštejnská hospoda.
– Je to daleko?
– Ale kdepak! Je to blízko, asi dvě stě metrů.

b) – Prosím Vás, dostanu se tudy k Hlavnímu nádraží?
– Ne, to jdete špatně. Musíte jít zpátky, touhle ulicí pořád rovně kolem parku a vpravo za parkem je Hlavní nádraží.

c) – Prosím Vás, jdu dobře k Hlavnímu nádraží?
– Ano, jdete dobře.
– Je to daleko?
– Není, je to blízko, asi 500 metrů.

12 Ergänzen Sie unbestimmte Pronomen bzw. Adverbien:

1. Přejete si ještě . . . .? 2. Už jsem . . . . viděl. 3. Chci jít dneska . . . jinudy. 4. Nebyl to on, byl to . . . jiný. 5. . . . . . nás navštěvuje.

13 Gestalten Sie Gespräche! Nutzen Sie dazu auch den Plan auf der Seite 76!

Wie komme ich
– zur Metrostation?
– zum Bahnhof?
– zum Altstädter Ring?
– zum Wenzelsplatz?
– zum Rathaus?

Wohin gehst du? Ich gehe
– zur Karlsbrücke,
– zum Brückenturm,
– zur Nikolauskirche,
– zur Straßenbahnhaltestelle,
– zur Bushaltestelle,
– zum Hotel,
– zum Park,
– zum Denkmal Karls IV.,
– zum Warenhaus.

ALEX. PL.
Rote Rathaus
Monbijou-park
W.-PIECK-STR.
Humboldt-Universität
UNTER DEN LINDEN
LEIPZIGER STRASSE
BF. FRIEDRICH-STRASSE
Branden-burger Tor
Reichs-tag
Pots-damer Platz
POTSDAMER STRASSE
Kongreß-halle
Tiergarten
STRASSE DES 17. JUNI
Sieges-säule
Nollendorf Platz
KURFÜRSTENSTR.
Gedächtnis-kirche
Breitscheid-platz
Zoologischer Garten
BF. ZOOLOG. GARTEN
E.-Reuter Platz
KURFÜRSTEN DAMM

14 Beraten Sie einen tschechischen Touristen, wie er vom Alexanderplatz zur Straße Unter den Linden (zur Universität, zum Brandenburger Tor), vom Brandenburger Tor zur Siegessäule, zum Reichstag, zur Kongreßhalle usw. usf. kommt. Nutzen Sie dazu den Stadtplan. Gestalten Sie Gespräche!

M A: Jak se dostanu z náměstí Alexanderplatz na Unter den Linden?
B: Chcete jít pěšky nebo jet autobusem? Půjdete ...

15 Beschreiben Sie mit Hilfe des Stadtplanes auf S. 76 den Königsweg!

16 Beschreiben Sie Ihren Weg zur Schule!
Beschreiben Sie Ihre nächste Einkaufsstraße!
Beraten Sie einen tschechischen Gast, wie er zum Bahnhof, zum Rathaus, zum Kaufhaus usw. kommt!

17 Verwenden Sie folgende Substantive in Sätzen mit lokalen Beziehungen:

ulice, třída, náměstí, most, radnice, brána, kostel, hotel, park, řeka, obchod, restaurace, dům, pomník

M Sejdeme se v restauraci U Schnellů.

18 Erzählen Sie über interessante Plätze Ihrer Heimatstadt! Führen Sie einen Gast durch das Zentrum Ihrer Heimatstadt!

19 Beantworten Sie:

1. Jak se dostaneme od Prašné brány na Staroměstské náměstí?
2. Kde začíná Královská cesta?
3. Kudy vede Královská cesta?
4. Kde je Staroměstská radnice?
5. Kde je dům, kde žil Franz Kafka? Je vedle kostela svatého Mikuláše u Staroměstského náměstí?
6. Kde je pomník Mistra Jana Husa?
7. Kudy se dostaneme ze Staroměstského náměstí na Karlův most?
8. Kam vede Mostecká ulice?
9. Kde bydlel Jan Neruda?
10. Kam vedou Staré zámecké schody?

20 Ergänzen Sie passende Konjunktionen und lesen Sie laut!

1. Ten text je pro mne . . . dost těžký, . . . přeložím ho. 2. V Loretě jsem . . . ještě nebyl . . . na Hradě už ano. 3. Můžete jít . . . také po Nových zámeckých schodech, . . . pak neuvidíte Nerudův dům. 4. Můžete jít . . . pěšky, . . . jet metrem. 6. Mohu ti nabídnout . . . limonádu, . . . kávu. 7. Výhled je krásný, . . . je hezké počasí. 8. Do kina jdu, . . . mám čas.

21 Beschreiben Sie, was Sie auf den Fotos auf den Seiten 127–128 sehen!

22 Übersetzen Sie:

Wie komme ich, bitte, von hier zum Kaufhaus Kotva?
Ich zeige es Ihnen auf der Karte. Wir sind jetzt auf dem Wenzelsplatz. Sie gehen geradeaus hinunter bis zur Straße Na příkopě, dann gehen Sie rechts um die Ecke, überqueren die Straße und dann gehen Sie diese Straße immer geradeaus weiter, am Pulverturm vorbei, zum Platz der Republik. Auf der linken Seite hinter dem Platz der Republik ist das Kaufhaus Kotva.
Ist das weit?
Aber woher! Nur etwa 500 Meter.

Nabídka dne

23 Pohádky začínají obvykle: Byl jednou jeden král ... Tak začíná také pohádka „Tři zlaté vlasy Děda Vševěda“ od Jaromíra Erbena.

Bylo – nebylo: byl jednou jeden král a ten chodil rád do lesa na lov. Jednou zabloudil. Přišla noc a král byl rád, že našel chalupu. V chalupě žil dřevorubec se ženou. Král musil v chalupě dřevorubce přenocovat. Spal na půdě.
(pokračování příště, lekce 11)

4 Prägen Sie sich die Lexik ein!

blízko Adv., Präp. + Gen.	nah, in der Nähe von
brána, -y f.	Tor
buď – (a)nebo	entweder – oder
daleko	weit
dojít, IV, dojdu . . . dojdou, v.	kommen
dole	unten
dolů	nach unten
dost	genug, ziemlich
jinudy	anders lang
kostel, -a m.	Kirche
krásný	schön
kudy?	wo entlang?
levý	linker
doleva	nach links
vlevo	links
mapa, -y f.	/Land/karte
most, -u m.	Brücke

myslet III, unv.	denken
nahoru	nach oben
nahoře	oben
nejen, ale i	nicht nur, sondern auch
odsud	von hier
odtud	von dort
okolo Adv., Präp. + Gen.	um ... herum, an ... vorbei,
podle + Gen.	nach
počasí, -í n.	Wetter
pomník, -u m.	Denkmal
pořád	ständig, immerzu
pravý	rechter
doprava	nach rechts
vpravo	rechts
pro + Akk.	für, wegen
radnice, -e f.	Rathaus
ráno	früh
restaurace, -e f. (hospoda, -y f.)	Gaststätte
roh, -u m.	Ecke
rovně	gerade/aus/
sejít se IV, v.	sich treffen
schody, -ů Pl. m.	Treppe
tradičně	traditionell
tudy	da entlang
ulice, -e f.	Straße
uvidět III, v.	sehen
věž, -e f.	Turm
vpředu	vorn
vyjít IV, v., vyjdu ... vyjdou	hinausgehen
vzadu	hinten
začít IV, začnu ... začnou, v. začínat I, unv.	beginnen, anfangen
odbočka, -y f.	Abzweig
básník, -a m.	Dichter
minulý	vergangen
mládí, -í n.	Jugend
novinář, -e m.	Journalist
podrobně	ausführlich
postupně	nach und nach
spisovatel, -e m.	Schriftsteller
století, -í n.	Jahrhundert
světoznámý	weltbekannt
významný	bedeutend
vzpomínka, -y f.	Erinnerung
zvolit si za + Akk. III, v.	wählen
přechod, -u m.	Übergang, Überweg

V restauraci

1 *Petr:* Tak, tady jsme na Malostranském náměstí. Teď bychom *si* mohli *zajít* na *oběd*, a pak půjdeme dále na Hrad. Jistě proti tomu nic nemáš.

Christian: To *tedy opravdu* ne, rád si na *chvíli sednu* a *odpočinu. Kromě toho* už mám také hlad a žízeň.

Petr: Já už bych také rád něco *snědl.* Pojď, půjdeme do restaurace U Tomáše.

Waldštejnská hospoda v Praze na Malé Straně

V restauraci:

Petr: Promiňte, prosím, je tady *volno?*

Host: Ne, je tu *obsazeno.*

Petr: (ke Christianovi) *Zeptám* se *vrchního, jestli* má volný stůl. Pane vrchní, máte volný stůl?

Vrchní: Tam ten stůl vzadu vlevo je volný.

Petr: Děkuji.

U stolu:

Vrchní: Budete *obědvat*, prosím?

Petr: Ano.

Vrchní: Tady je *jídelní lístek*. Co si budete přát k *pití?* Pivo, limonádu, tonik?

Petr: Dvě piva, prosím.

Vrchní: Dvě piva, hned přinesu.

Christian: Budeš mi muset *poradit*, chtěl bych něco *typicky* českého.

Petr: Podíváme se, co mají. Typicky české jídlo je například *vepřová pečeně, knedlík a zelí.*

Christian: Tak dobře, dáme si vepřovou.

Petr: Budeš chtít *polévku*? Mají *hovězí vývar* nebo *gulášovou.*

Christian: Nejsem *zvyklý* jíst před obědem polévku, ale dneska si ji rád dám.

Vrchní: Máte prosím *vybráno*?

Petr: Ano, prosili bychom dvakrát hovězí vývar a dvakrát vepřovou s knedlíkem a zelím.

Vrchní: Prosím.

Petr: Dobrou chuť.

Christian: Děkuji. *Nápodobně.*

Christian: Musím říci, že to jídlo bylo velmi dobré. Vůbec mi tady v Praze *chutná.*

Petr: To jsem rád. Co říkáš tomu pivu?

Christian: Je *výborné.*

Petr: To je *totiž specialita* této restaurace. Nemáš chuť ještě na kávu a nějaký *zákusek*? *Objednám* to, jestli chceš.

Christian: Teď ne, ale *později* bych si kávu rád dal.

Petr: Tak si zajdeme na kávu třeba do Vikárky na Hradě.

Vrchní: Máte ještě nějaké přání, prosím?

Petr: Ne, děkujeme, zaplatíme, prosím.

2 Co se často říká:

Přečtěte:

Půjdeme (zajdeme si) na oběd, na kávu.
Je tady volno, prosím?
Tady je obsazeno.
Máte volný stůl?

Není to dobré.
Máš chuť na kávu?
Děkuji, teď nemám chuť.
Kávu nepiji.
Už jsi něco objednal?

Budete obědvat, prosím?
Co si budete přát k pití?
Dáš si polévku?
Máte vybráno?
Dobrou chuť. Děkuji, nápodobně.
Co říkáš tomu pivu?
Chutná ti to?
Je to moc dobré.

Máš proti tomu něco?
Nic proti tomu nemám, jsem pro.
Zaplatíme, prosím.
Budeme platit.
Chtěli bychom zaplatit.

3 Gestalten Sie kurze Gespräche mit diesen Wendungen!

Podívej, jak to spočítal tenhle. Nejvyšší čas začít vyhledávat talenty po školách.

Podívej, jak to spočítal tenhle. Nejvyšší čas začít vyhledávat talenty po školách.

4 Beschreiben Sie die Situation auf dem Bild!

Kámen úrazu?
Ale ne:
s chutí
do toho a půl
je hotovo

5 Mohli bychom jít na oběd.

Der Konditional des Präsens wird gebildet durch das 1-Partizip des Vollverbs (vgl. Präteritum) und die Konditionalformen des Hilfsverbs být: *bych, bys, by, bychom, byste, by.*

Přečtěte a přeložte:

Rád	bych	navštívil Prahu.
Chtěl	bys	ještě kávu?
Jana	by	si dala ráda tonik.
Mohli	bychom	jít do kina?
Pomohli	byste	nám?
Šli	by	raději pěšky.

6 Ergänzen Sie die Konditionalformen des Hilfsverbs:

1. Mohl . . . si půjčit tu knihu? 2. Koupila . . . mi mýdlo, když půjdeš nakupovat? 3. Šel . . . s námi do kina? 4. To . . . se mělo udělat jinak. 5. Musili . . . spěchat. 6. Mohl . . . mi pomoci, pane Horáku? 7. Mohli . . . jít s námi. 8. Zapomněli . . . to.

Nevyrušujte, pane! Už jsem v životě udělal tolik chyb, že bych nerad udělal další!

. . . a ještě jeden kamínek

7 Líbilo se ti to?

Die **Enklitika** sind unbetonte Wörter, meist einsilbig. Neben den Formen *jsem, jsi, jsme, jste* vom Hilfsverb být, die bei der Bildung des Präteritums benötigt werden, den Reflexivpronomen *se* und *si* und den kurzen Formen der Personalpronomen wie z. B. *mi, ti, mě* und *tě*, gehören zu den Enklitika auch die Konditionalformen des Hilfsverbs být – *bych, bys, . . .*

Sie stehen niemals am Anfang des Satzes, sondern erst nach dem ersten Satzglied. Am Ende des Satzes stehen sie nur dann, wenn der Satz außer den Enklitika nur aus 1 Satzglied besteht. Sind mehrere Enklitika in einem Satz vorhanden (und das ist oft der Fall), dann stehen sie in einer festen Reihenfolge:

	1	2	3	
	jsem . . ., bych . . .,	se, si	mě, tě, ho, mu, mi . . .	
Já	bych	se	tě	(rád na něco zeptal)
Jak		se	ti	(líbí Praha)?
Před dvěma léty	jsem		mu	(půjčil tu knihu, a on mi ji ještě nevrátil).

8 Přečtěte:

1. Rád by se podíval do Plzně. 2. Jak se jmenuje ten nový žák? 3. Jak se ti líbí u svatého Tomáše? 4. Já jsem mu to říkal. 5. Rozuměli jsme mu. 6. Děkuji ti.

9 Ordnen Sie folgende Wörter und bilden Sie Sätze!

1. budete, co, přát, pití, k, si; 2. poradit, musit, budeš, mi, / typicky, českého, dnes, bych, chtěl, něco; 3. dvakrát, prosili, vývar, hovězí, bychom; 4. pomoci, můžeš, mi? 5. bych, prohlédnout, Hrad, si chtěl; 6. mu, napsat, musit, budeš.

ZAŘADILI JSME SE. ČEKÁME DALŠÍ INSTRUKCE...

. . . a ještě jeden oříšek

10 Co budeme jíst k obědu?

Das Verb *jíst (unv.), sníst (v.)* hat eine unregelmäßige Konjugation. Vergleichen Sie die Konjugation mit der des Verbs *vědět.*

Přečtěte:

Co chceš jíst?		Sníš 10 knedlíků?		Co musíme vědět?	
Jím	rád knedlíky.	Sním	6 knedlíků.	Vím,	že máš hlad a žízeň.
Jíš	často polévku?	Sníš	všechno?	Víš,	co jí Petr rád?
Jí	málo.	Sní	3 housky k snídani.	Ví,	kde je tady dobrá restaurace.
Jíme	vepřovou.	Sníme	oběd a půjdeme dál.	Víme,	že mu chutná pivo.
Jíte	raději chléb nebo housky?	Sníte	to teď nebo večer?	Víte,	kam šel Petr?
Jedí	často v restauraci.	Snědí	polévku i pečeni.	Vědí,	kudy se jde na Hrad.

Die Form des Präteritums ist: **jedl jsem** . . ., věděl jsem . . . **snědl jsem** . . .

Přečtěte:

Oběd jsme jedli ve Valdštejnské hospodě. Matthias snědl 10 knedlíků. Věděl jsem, že mu budou chutnat. Snědli jsme oběd, zaplatili a šli dál.

11 Ergänzen Sie die Verben jíst (sníst) oder vědět in der richtigen Form!

1. Já . . . . rád polévku. 2. Evo, ... o tom? 3. . . . . rádi koláče. 4. Už jsi všechno . . . ., Petře? 5. . . . . dvě housky nebo tři? 6. Naši kamarádi . . . ., kam půjdeme na oběd. 7. . . . ., že si dneska dám rád polévku? 8. To nemůžu všechno . . . . 9. Alena a Jirka . . . . často v restauraci. 10. . . . ., že mi to moc chutná?

12 . . . a teď
jen nepatrný
oříšek

Objednal jsem si u vrchního vepřovou.

Beachten Sie, daß die Substantive *vrchní* und *vepřová* wie Adjektive dekliniert werden.

13 Lesen Sie still und versuchen Sie, die Speisen zu erschließen!

NABÍDKA DNE

II. cenová skupina — Úterý, 16. 8. 19. .

Studené předkrmy:
100 Vajíčkový salát
100 Turistický salám, okurka
55 Tresčí játra, cib., cit.
100 Sýr Eidam s máslem
100 Sýr Niva s máslem

Teplé předkrmy:
50 Omeleta se šunkou
2 ks Míchaná vejce na cibulce

Polévky:
Slepičí vývar s masem a nudlemi
Zelná s klobásou

Bramborová . . . .
Fazolová s párkem . . . .

Zeleninová a bezmasá jídla:
130 Smažený sýr, vařený brambor, tatarská omáčka . . . .
300 Zeleninové rizoto, paprikový salát . . . .
240 Knedlíky s vejci, paprikový salát . . . .

Ryby a drůbež:
150 Kapr na roštu, smažené hranolky, tatarská omáčka
150 Kapr na modro, brambory s máslem . . . .
150 Pstruh smažený, bramborový salát, citron . . . .
250 Kuře na zbojnický způsob, dušená rýže . . . .

Nabídka šéfa kuchyně:
300 Neapolská pizza . . . .
200 Pečená vepřová kolínka, zelí, karlovarský knedlík . . . . . .

Hotová jídla:
55 Smažený karbanátek, bramborový salát . . . .
50 Plněný paprikový lusk, knedlík . . . .
100 Zonjemská hovězí pečeně, rýže, míchaný salát . . . .
150 Moravský brabec, zelí, knedlík . . . .
100 Vepřový guláš debrecínský, knedlík . . . .
100 Svíčková na smetaně, knedlík . . . .
50 Hovězí pečeně, zelený hrášek, brambory . . . .

Jídla na objednávku:
150 Roštěná se šunkou a vejcem, hranolky, zel. obloha
100 Vepřový řízek na žampionech, hranolky, okurkový salát . . . .
150 Telecí medailonky se sýrem, smažené hranolky, obloha . . . . .
150 Smažená vepřová játra, brambory, rajčatový salát

Přílohy:
120 Míchaný salát . . . .
120 Okurkový salát . . . .
120 Rajčatový salát . . . .

Ukažte, co umíte:

14 Bestellen Sie:

1, 2, 3, 5, 10 (pivo, limonáda, káva, čaj, džus)
(polévka, koláč, houska, zákusek)

15 Přeložte:

1. Chtěl jsem kávu. Chtěl bych kávu. 2. Šel bych raději pěšky. Šel jsem raději pěšky. 3. Měl jsem čas. Měl bych čas. 4. Pomohl jsem mu. Pomohl bych mu. 5. Rád bych si na chvíli odpočinul. Rád jsem si na chvíli odpočinul. 6. Koupil bych si jízdenky. Koupil jsem si jízdenky. 7. Vypili jsme ještě jedno pivo. Vypili bychom ještě jedno pivo.

16 Ergänzen Sie alle passenden Formen des Konditionals!

1. Přišel .... rád. 2. Koupili .... to? 3. Neradi .... obtěžovali. 4. Dal .... si kávu, pane doktore? 5. Chtěl .... vám poděkovat. 6. Kolik .... to stálo? 7. Rádi .... si zašli na oběd. 8. Co .... si přáli k jídlu a k pití?

17 Übertragen Sie ins Präteritum:

1. Všechno sní. 2. Moc jíte. 3. To ještě nevíte. 4. Máte hlad a žízeň? 5. Chce si trochu odpočinout. 6. Obědváme v restauraci U svatého Tomáše. 7. Podívám se na Malostranské náměstí. 8. Zeptám se vrchního. 9. Ptá se, jestli je tu volno. 10. Objednám kávu. 11. Chutná mi to. 12. Dám si vepřovou pečeni. 13. Co budete pít? 14. Přeji vám dobrou chuť.

18 Přeložte:

1. Was möchtest du gern wissen? 2. Was würden Sie essen? 3. Hast du schon Knödel gegessen? 4. Hast du es gewußt? 5. Wir essen gern Obst. 6. Er ißt viel. 7. Ich möchte einen Schweinebraten essen und dazu Bier trinken. 8. Essen die Schüler in der Schule zu Mittag? 9. Weiß Peter, wann Christian kommt? 10. Ißt du viel Gemüse? 11. Möchtest du einen Kaffee trinken? 12. Peter und Pavel trinken gern Cola.

19 Bestellen Sie ein vollständiges Menü nach der vorliegenden Speisekarte!

M Rinderbrühe
Schnitzel mit Kartoffeln und Gurkensalat
Limonade

20 Schreiben Sie ihrem Freund/Ihren Eltern, was Sie bei der Klassenfahrt gegessen und getrunken haben!

21 Fragen Sie Ihren Freund,

- wo er zu Mittag ißt,
- ob es ihm dort schmeckt,
- was er sich zum Trinken und Essen wünscht,
- ob er eine Suppe oder eine kalte Vorspeise essen möchte,
- ob er gern Wein oder Bier trinkt,
- ob er noch einen Wunsch hat,
- was er gern zum Frühstück und zum Abendbrot ißt und trinkt.

22 Sagen Sie tschechisch, was Sie gern essen und trinken!

23 Sie (A) sind mit Ihrer tschechisch unkundigen Familie in den Beskiden und gehen in die Gaststätte. Sie müssen zwischen Ihrer Familie (B) und dem Ober (C) vermitteln. Gestalten Sie Gespräche: A mit B, A mit C.

24 Přeložte:
Werden Sie zu Mittag essen? Hier ist die Speisekarte. Haben Sie schon gewählt? Was möchten Sie trinken? Ich möchte zwei Bier und eine Limonade. Zum Essen würde ich eine Brühe und Schweinefleisch mit Kohl und Knödeln nehmen. Ich wünsche Ihnen einen guten Appetit! Wie hat es dir geschmeckt? Es hat mir gut geschmeckt. Das schmeckt mir nicht. Haben Sie noch einen Wunsch? Wir haben noch Appetit auf eine Tasse Kaffee. Jetzt möchten wir gern zahlen.

25 Könnten Sie auf tschechisch den Sinn folgender Sprichwörter erklären?

Sytý hladovému nevěří.
Hlad je nejlepší kuchař.

26 Nabídka dne

Přečtěte si:

RECEPT

Tvarohové těsto na závin a moučníky

Poměr: 10 dkg měkkého tvarohu, 10 dkg másla nebo jiného tuku, 10 dkg mouky, 1 žloutek a nepatrně soli.

Postup: Mouku prosejeme na vál, rozdrolíme do ní máslo, přidáme tvaroh, žloutek a sůl a zpracujeme vše v hladké těsto. Hotové těsto rozválíme na plát asi 4 mm silný a pak z něj zpracujeme buď závin, ovocné knedlíky, slané tyčinky apod. a podle druhu moučníku pak pečeme nebo vaříme.

Poznámka: Toto těsto můžeme také zadělat bez žloutku. Moučník upravený z tohoto základního těsta stačí pro 6 osob. Úprava těsta trvá 15 minut.

Vyzkoušíte to doma?

27 Pohádka na pokračování

Tři zlaté vlasy Děda Vševěda

V noci se lesníkovi narodil chlapeček. Král nemohl spát. O půlnoci uviděl skulinou v stropě dole v místnosti světlo. Podíval se blíž a uviděl u kolébky dítěte tři staré babičky . První řekla: „Já tomu chlapci dávám, aby často přicházel do nebezpečí.“ Druhá řekla: „A já, aby se ze všech nebezpečí dostal a dlouho šťastně žil.“ A třetí: „A já mu dávám za ženu tu dcerušku, která se dnes narodila králi, který tu nahoře spí.“ Pak světlo zhaslo a babičky zmizely.
(pokračování příště – lekce 12)

11

28 Prägen Sie sich die Lexik ein:

chutnat I., unv.	schmecken
chvíle, -e f.	Weile, Augenblick
chvilka, -y f.	Weilchen
jídelní lístek	Speisekarte
jíst, jím . . . jedí, unv.	essen
sníst, sním . . . snědí, v.	
jistě	sicher
knedlík, -u m.	Knödel
kromě + Gen.	außer
málo	wenig
oběd, -a m.	Mittagessen
obědvat, I. unv.	zu Mittag essen
objednat I, v.	bestellen
objednávat I, unv.	
odpočinout si IV. v.	ausruhen
odpočívat I, unv.	
opravdu	wirklich
pít II, piji . . . pijí, unv.	trinken
vypít, II	austrinken
pití, -í n.	Trinken
k pití	zum Trinken
pohádka, -y f.	Märchen
polévka, -y f.	Suppe
poradit III, v. někomu něco	jdm. Rat geben
později	später
promiňte!	Verzeihen Sie!
proti + Dat.	gegen(über)
přinést IV, v.	bringen
ptát se I. unv. + na + Akk.	fragen
zeptat se I, v.	
specialita, -y f.	Spezialität
tedy	also
totiž	nämlich
typicky	typisch
vepřový; vepřová, -é f.	Schweine . . .; Schweinebraten
vlastně	eigentlich
volný	frei
volno (Adv.)	
vrchní, -ího. m.	Ober
vůbec	überhaupt
výborný	ausgezeichnet
zelí, -í n.	Kohl, Kraut
zákusek, -u m.	Nachtisch
zvyklý	gewöhnt

Prägen Sie sich die Wendungen ein!

Děkuji, nápodobně.	Danke, ebenfalls.
Máte vybráno?	Haben Sie schon gewählt?
Zajdeme si na kávu.	Wir gehen Kaffee trinken.

12

Denní program

1 Christian zvoní u Horáků. Otevírá Jana.

Christian: Ahoj, Jano! Je doma Petr?

Jana: Petr ještě není doma, ale přijde za chvíli, asi za půl hodiny. Má od pěti do sedmi trénink. Teď je tři čtvrtě na sedm. Mohl bys na něj počkat?

Christian: Nechci nikoho zdržovat, máte jistě všichni hodně práce.

Jana: Pavel píše úkoly, maminka je na nákupu, tatínek, jako obvykle, je ještě ve škole. Já mám sice také ještě *práci*, ale ráda si s tebou budu chvíli *povídat*. Můžu ti něco nabídnout? *Uvařím* kávu, chceš?

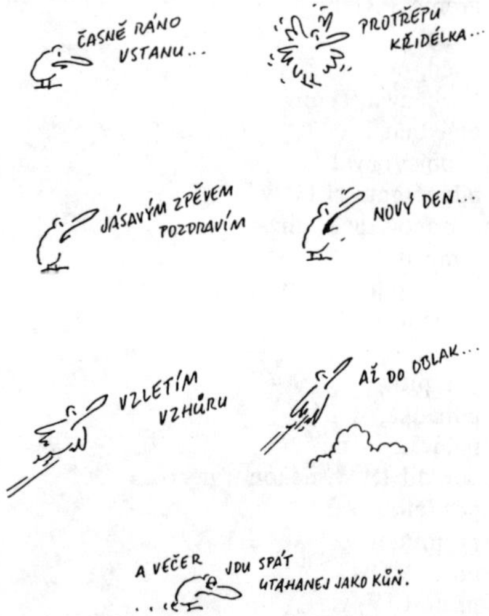

Christian: Ne, prosím tě, nevař nic, už jsem dnes pil kávu několikrát.

Jana: Tak ti přinesu limonádu. Nebo bys chtěl raději pivo nebo *mošť*?

Christian: Tak tedy nejraději pivo.

Jana: Tak povídej, jak se tady vůbec máš? Co celý *den* děláš? *Nenudíš* se někdy?

Christian: Tak to můžeš *být bez starosti*, nenudím se nikdy. *Naopak*, nikdy nemám dost času. Můžu ti *popsat* celý den, jestli chceš.

Jana: To mě moc *zajímá*, povídej. Víš, že jsem *zvědavá*.

Christian: Ráno *vstávám* v půl sedmé, pak cvičím, *sprchuji* se a dělám si snídani.

Jana: A co *snídáš*?

Christian: *Čaj a chléb nebo rohlík* s máslem, k tomu *med*, salám nebo sýr.

Jana: A potom?

Christian: Ve tři čtvrtě na osm jdu na *přednášky* nebo do knihovny. Jedu tramvají jen tři stanice, není to daleko. Na univerzitě jsem obvykle do dvou nebo tří hodin, pak jdu pěšky domů nebo jdu ještě do města. Mám celý *seznam pamětihodností*, které si chci prohlédnout. Petr mi už hodně míst ukázal, ale v Praze je toho *tolik*!

Jana: A večer?

Christian: Večer chodím někdy do kina nebo do *divadla*. Často si také doma čtu, i

česky (už jsem přečetl tři knihy česky!), učím se nebo píšu dopisy. Z domu jsem zvyklý na studené večeře, takže nemám s *večeří* moc práce. Vařím si jenom čaj. Vidíš, že se celý den nemám čas nudit. Ale teď už je tady na hodinách za pět minut půl osmé a Petr *tu* ještě není. Tak já už raději půjdu.

Jana: Ale Petr opravdu hned přijde. Chodí domů z tréninku nejpozději ve čtvrt na osm. Tak mu asi nejela tramvaj. Slyšíš, už zvoní, už je tady.

Petr: Ahoj, Christiane, *čekáš* už *dlouho*?

Christian: Dlouho ne, asi půl hodiny. Teď jsem *vyprávěl* Janě, co celý den dělám. Chtěl jsem ti ale ukázat práci z češtiny. Dneska jsem ji dostal zpátky. Udělal jsem ale hodně *chyb.*

Petr: Ostatní to jistě také neměli bez chyby. Jen se osprchuji a hned se s tebou na tu práci podívám.

Jana: Moc mne zajímalo, cos mi vyprávěl. Jen si myslím, že máš málo sportu. Mohli bychom s Petrem jet v neděli na výlet na kole, co říkáš?

Christian: Možná, že přijede můj kamarád z Brna, *v tom případě* bych nemohl. Jinak ale moc rád, děkuji za pozvání.

Tvoření slov

2 Nechci nikoho zdržovat.

Die negativen Pronomen und Adverbien werden mit Hilfe des Präfixes *ni-* zum Pronomen bzw. Adverb gebildet.

kdo		*Ni*kdo	nezvoní.
co		*Nic*	proti tomu nemám.
kde		*Ni*kde	není.
kdy	Ještě	*ni*kdy	nebyl v Bratislavě.
kam		*Ni*kam	nepůjdeme.

3 Zapište si za uši:

- das negative Pronomen „nichts“ hat die Form nic
  Co děláš? Nic. Co tomu říkáš? Vůbec nic. Vím, že nic nevím.
- das negative Adjektiv „kein“ ist žádný
  Es ist kein Meister vom Himmel gefallen. Žádný učený z nebe nespadl.

Kámen úrazu,
ale zase:
a chutí
do toho a půl
je hotovo

4 Vím, že nic nevím

Bei der Benutzung negativer Pronomen bzw. Adjektive und Adverbien im Satz wird auch das Verb verneint – dadurch kommt es also zur doppelten Verneinung.

Přečtěte:

1. Nikdy se nenudím. 2. Nemám nikdy čas. 3. Nic nevařím. 4. Nechci nikoho zdržovat. 5. Nikdy by to nechtěl. 6. Nikdo mu nepomohl. 7. Čert nikdy nespí.*

Bylo nám opravdu potěšením. Neřekli jste sice za celej večer vůbec nic, ale jako posluchači jste byli vynikající!

* Der Teufel schläft nie.

Es kann auch zur Häufung negativer Pronomen bzw. Adverbien kommen: 8. Nikdy nic neví. 9. Nikdy nikam nechce jít. 10. Nikdy nikomu nepomohl. 11. Nikdo nic nikdy nemá nikdy mít za definitivní, protože nikdy neví, co se může stát (aus: Voskovec a Werich; Nebe na zemi).

. . . a ještě několik tvrdých oříšků

5 Má od pěti do sedmi trénink.

Deklination der Grundzahlwörter

1. *jeden, jedna, jedno* wird wie *ten, ta to* dekliniert (s. Lektion 5)
2. *dva, dvě, dvě* hat eine eigene Deklination

dva, dvě, dvě
dvou
dvěma
dva, dvě, dvě
dvou
dvěma

Přečtěte:

Od dvou hodin budu v knihovně. Do dvou hodin byl Petr doma. Jsou dvě hodiny.

3. *tři* und *čtyři* wird wie **radost** dekliniert.

tři	čtyři	radost
tří	**čtyř**	radostí
třem	čtyřem	radostem
tři	čtyři	radosti
třech	čtyřech	radostech
třemi	čtyřmi	radostmi

Zapište si za uši:

Der Gen. von *čtyři* ist **čtyř**.

Od tří do čtyř máme němčinu. Jsou tři hodiny. Ve čtyři půjdu do knihovny.

4. *pět . . . devadesát devět* haben nur zwei Formen:

Nom. und Akk. pět, padesát
alle anderen Fälle pěti, padesáti

Od pěti do sedmi hodin mám trénink. Kino je do deseti hodin. Vyučování máme od sedmi. Teď je pět hodin.

Zapište si za uši: 

devět hat in den indirekten Fällen die Form *devíti.*
Zítra máme vyučování od devíti hodin. Je devět hodin.

6 Přečtěte:
1. Paní Horáková pracuje do tří hodin. 2. Od čtyř hodin mám češtinu. 3. Od dvou hodin už na tebe čekám. 4. Z tréninku přijde za dvě hodiny. 5. Jana chodí domů v pět hodin. 6. Za deset minut musím jít na tramvaj. 7. Máš zítra vyučování od sedmi nebo od osmi hodin? 8. Přijdu za pět minut.

. . . a ještě několik kamínků

7 V knihovně jsem od dvou do tří hodin.

Die Verwendung der Präpositionen in temporalen Beziehungen:

kdy?	v + Akk. (um)	Vstávám *v* půl sedmé.
	za + Akk (in, nach)	Asi *za* hodinu přijde.
odkdy?	od + Gen. (ab, seit)	Vyučování máme *od* půl osmé.
dokdy?	do + Gen. (bis)	V knihovně budu *do* dvou hodin.
odkdy – dokdy?	od – do (von – bis)	Petr má trénink *od* pěti *do* sedmi.

Co musíme
vědět
i umět:

8 Nach der **Uhrzeit** fragt man im Tschechischen:

Kolik je hodin? Wie spät ist es?
V kolik hodin . . .? Um wieviel Uhr . . .?

Je jedna hodina.
V jednu hodinu.

Jsou dvě hodiny.
Ve dvě hodiny.

Je pět hodin.
V pět hodin.

Je osm hodin třicet minut.

V osm hodin třicet minut.

Je osm třicet.

Je půl deváté.

V půl deváté.

Je osm hodin patnáct minut.

V osm hodin patnáct minut.

Je osm patnáct.

Je čtvrt na devět.

Ve čtvrt na devět.

Je osm hodin čtyřicet pět minut.

V osm hodin čtyřicet pět minut.

Je osm čtyřicet pět.

Je tři čtvrtě na devět.

Ve tři čtvrtě na devět.

Jsou čtyři hodiny a pět minut.

Za deset minut osm.

Za pět minut půl deváté.

Zapište si za uší:

9 Wie im Deutschen wird auch im Tschechischen das Wort „hodina" bei Zeitangaben oft weggelassen:

Je za deset minut osm.	Es ist zehn vor acht.
Mám školu od sedmi.	Ab sieben habe ich Unterricht.
Vstávám v šest.	Ich stehe um sechs auf.

10 Alle genannten Zeitangaben verbinden sich mit den Grundzahlwörtern, mit Ausnahme der Angabe *půl* – halb, die ein *Ordnungszahlwort verlangt.*

Vergleiche:

tři hodiny, tři čtvrtě na osm, čtvrt na dvě, za pět minut jedna

aber:	*půl třetí, druhé, osmé, desáté . . .*		
	půl druhé		halb zwei
	půl páté a pět minut		fünf Minuten nach halb fünf
ale pozor! říká se jen		**půl jedné**	halb eins

Ukažte, co umíte:

11 Lesen Sie laut und beantworten Sie die jeweils letzte Frage:

1. Kdy vstává tvoje maminka? Moje maminka vstává v šest hodin. A kdy vstáváte vy?

2. V kolik hodin musíš zítra vstávat? Zítra musím vstávat v půl sedmé. A vy?
3. Odkdy máte vyučování? V naší škole máme vyučování od sedmi hodin padesáti pěti minut. A ve vaší škole?
4. V kolik hodin chodíš do školy? Do školy chodím ve čtvrt na osm. A vy?
5. Kdy obědváš? Obědvám v jednu hodinu. A vy?
6. Kdy chodíš na trénink? Na trénink chodím v půl čtvrté. A vy?
7. Dokdy budeš na hřišti? Budu tam do devíti hodin. A vy?

12 Sagen Sie, wie spät es jetzt gerade nach Ihrer Uhr ist!

13 Ergänzen Sie:

1. Vstávám v ($^1/_2$7). 2. Snídám v (7.00). 3. Vyučování máme od (8.00). 4. Z domu jdu v ($^1/_2$8). 5. V pondělí, v úterý a ve středu máme vyučování do (2.10). 6. Pavel má v úterý a ve čtvrtek dopoledne vyučování od (8.00) do ($^3/_4$4). 7. Domů chodí ve ($^1/_4$5). 8. Už musíš jít do školy, je (5 Min. vor halb 8). 9. Zítra máme vyučování do ($^1/_2$1). 10. Přijdu domů v (7.25). 11. Půjdeš do kina od (6) nebo od (8)?

14 Ergänzen Sie die richtigen Formen und übersetzen Sie:

Přijdu za (hodina). Vyučování máme od (sedm) do (dvě) hodin. Budu doma do (půl osmé). Teď je (tři čtvrtě na sedm). Byl tu v (devět) hodin. Češtinu máme třikrát za (týden). Vstávám v (půl sedmé). Petr vstává v (šest) hodin. Od (dvě) do (čtyři) hodin jsem v knihovně. Od (půl páté) mám trénink. Pavel má trénink od (čtyři) hodin. Od (tři) hodin už píše úkoly. Radek se učil (dvě hodiny) a nic se nenaučil, Alena se učila jenom (hodina) a naučila se všechno.

15 Fragen Sie Ihre Klassenkameraden tschechisch, wann sie:
- aufstehen,
- frühstücken,
- zur Schule gehen,
- zu Mittag essen,
- die Hausaufgaben anfertigen,
- zum Training gehen,

bis wann sie:
- Unterricht haben,
- Training haben,
- abends lesen,
- die Hausaufgaben schreiben,

ab wann sie:
- Unterricht haben,

– Training haben,

wie lange sie:
– lernen,
– abends lesen,
– mit der Straßenbahn zur Schule fahren.

16 Beantworten Sie:

Kolikrát za den, v kolik hodin a co jíte?

M Jím čtyřikrát za den. Snídám v sedm hodin. Jím housky nebo chléb s máslem a piji čaj.

A teď musíte pokračovat sami!

17 Suchen Sie zu folgenden Sätzen mögliche Fragen:

1. Nikdo neví, kam šel. 2. Nikomu to neřeknu. 3. Nikdo o tom nemluví. 4. To nikdo nepotřebuje. 5. To nikdo nemůže vědět. 6. Tady nikdo nemá být. 7. Nikdy tam nebyl. 8. Nikdo ho nenavštívil. 9. Nikdy nevaří. 10. Nikomu netelefonoval. 11. Ničemu nerozumí. 12. Nikomu nerozuměl. 13. Nikde to nebylo. 14. Nikde není. 15. Nic nedělá. 16. Nikomu nepomůže. 17. Nesmí nic dělat. 18. Nic nechce.

M 1. Kdo ví, kam šel?

18 Opakování je matka moudrosti

Begründen Sie die Verwendung vollendeter oder unvollendeter Verbformen!

Mohl bys na Christiana počkat?	Čekáš už dlouho?
Uvařím ti kávu, chceš?	Večer si vařím jen čaj.
Udělal jsem hodně chyb.	Co celý den děláš?
Jen se osprchuji a hned se na tu práci podívám.	Ráno se sprchuji.
Už jsem přečetl tři knihy česky.	Často si také doma čtu.

19 Bilden Sie möglichst viele Sätze!

Číst/přečíst	sestra, bratr, dědeček	pohádka, dopis, kniha, časopis

psát/napsat	babička, přítel, otec, sestra	dopis
pomoci/pomáhat	maminka, teta, učitel, kamarád, kamarádka	doma, udělat úkoly, škola
jít/chodit	my, vy, oni, já, ty, on, ona	škola, divadlo, kino, trénink, hřiště, tělocvična, procházka
prohlédnout (si)/prohlížet (si)	já, ty, on, ona, my, vy, oni	město, pamětihodnost, kniha

20 Přeložte:

Wenn ihr wollt, erzähle ich Euch mein Tagesprogramm. Um 6 Uhr stehe ich auf (ich muß sagen – ungern!). Dann dusche ich mich (mit kaltem Wasser) und turne ein bißchen (manchmal). Um 6.30 Uhr frühstücke ich. Manchmal muß ich mich aber beeilen und frühstücke nicht. Ich muß 7.15 Uhr mit der Straßenbahn zur Schule fahren. Im Sommer fahre ich manchmal mit dem Fahrrad. Von 8.00 bis 14.00 Uhr haben wir Unterricht. Um 12.00 Uhr essen wir in der Schule zu Mittag. Am Dienstag nachmittag gehe ich zum Training. Wir haben Training im Winter in der Turnhalle und im Sommer auf dem Sportplatz. Wenn das Wetter schön ist, gehe ich vom Training mit meinen Kameraden zu Fuß nach Hause. Abends lese ich oder schreibe Briefe. Wehn ich meine Hausaufgaben noch nicht geschrieben habe, dann schreibe ich Hausaufgaben. Manchmal gehe ich abends auch ins Kino.
Kdo to dobře přeloží, ten dostane velkou jedničku!

21 A ještě si zazpíváme:
Okolo Frýdku

Okolo Frýdku cestička, okolo Frýdku cestička
a na ní se zelená, a na ní se zelená travička.
Šel jsem tam tudy jedenkrát, šel jsem tam tudy jedenkrát,
slyšel jsem tam muziku, slyšel jsem tam muziku pěkně hrát.
Muzika hrála břinkala, muzika hrála břinkala,
moje ze všech znejmilejší, moje ze všech znejmilejší plakala.
Muziko nehraj, nebřinkej, muziko nehraj, nebřinkej,
moje ze všech znejmilejší, moje ze všech znejmilejší, neplakej.

22 Schildern Sie Ihrem tschechischen Freund Ihren Tagesablauf!

23 Nabídka dne

Přečtěte a přeložte:

To už asi víte!

den má 24 hodin
hodina má 60 minut
minuta má 60 sekund

Je mezi vámi někdo, kdo to ještě nevěděl?
Není.
Ale to určitě nevíte!

Mezi 31. a 32. rokem je člověk na světě miliardu sekund. Přesně tehdy, když mu je 31 let a 251 dní.

24 A teď ještě naše pohádka na pokračování:

Králi se nelíbilo, co uslyšel. Ráno mu lesník řekl, že se jeho žena nemůže o chlapečka starat a že neví, co má dělat. Král si chlapečka vzal. Když přišel domů, dověděl se, že se mu v noci narodila dceruška. Bál se, že se splní, co třetí babička předpověděla. Proto požádal sluhu, aby chlapečka položil do košíka a hodil ho do vody. Chlapeček se ale neutopil, v košíku doplaval až k chalupě jednoho rybáře. Rybář a jeho žena měli z chlapečka radost a dali mu jméno Plaváček.
(pokračování příště, lekce 13)

25 Prägen Sie sich die Lexik ein:

čekat, I, unv.	warten
počkat, I., v.	
dlouho	lange
den, -e, m.	Tag
denní program, -u m.	Tagesprogramm
divadlo, -a n.	Theater
hodiny Pl. f.; hodinky Pl. f.	Uhr (Wanduhr); Taschenuhr
chyba, -y f.	Fehler
kdy	wann
dokdy	bis wann
odkdy	ab wann
možná Adv.	möglich; vielleicht
naopak	umgekehrt, im Gegenteil
nudit se III,	sich langweilen
ostatní	restliche, übrige
pokračovat II, unv.	fortsetzen
popsat IV, v.	beschreiben
popisovat IV, unv.	
povídat (si s někým) I, unv.	erzählen, sich mit jemandem unterhalten
povídej!	erzähle!
povědět, povím . . . povědí, v.	
práce, -e f.	Arbeit
přednáška, -y f.	Vorlesung
seznam, -u m.	Verzeichnis

slyšet III, unv.	hören
uslyšet III, v.	
snídaně, -ě f.	Frühstück
snídat I, unv.	frühstücken
nasnídat se I, v.	
sprchovat se II, unv.	sich duschen
osprchovat se II v.	
starost, -i f.	Sorge
tolik	so viel
tu	hier
vařit III, unv.	kochen
uvařit III, v.	
večeře, -e, f.	Abendbrot
vstávat I, unv.	aufstehen
vstát IV, vstanu . . . vstanou, v.	
vyprávět III, unv. -ějí	erzählen
zajímat I, unv.	interessieren
zajímat se o něco	sich für etwas interessieren
zdržovat II, unv.	aufhalten
zdržet III, v.	
zvědavý (na + Akk.)	neugierig (auf + Akk.)
žádný	kein

Prägen Sie sich folgende Wendungen ein:

Nechci tě zdržovat.	Ich möchte Dich nicht aufhalten.
jet na výlet	einen Ausflug machen
v tom případě	in dem Fall
chodit na trénink	zum Training gehen
děkovat za pozvání	für die Einladung danken
Nemusíš si dělat starosti.	Du brauchst Dir keine Sorgen zu machen.
med, -u, m.	Honig
mošt, -u, m.	Most
pamětihodnost, -i, f.	Sehenswürdigkeit
rohlík, -u, m.	Hörnchen

13

Životopis

1 *Petr:* Přeji Ti všechno nejlepší k *narozeninám*, Christiane! *Hodně štěstí, zdraví a úspěchů!*
A aby ses ještě lépe naučil česky, mám pro tebe malý *dárek*, knížku od Karla Čapka.

Christian: Ale jak víš, že mám dneska narozeniny?

Petr: Vzpomínáš si na ten formulář v hotelu? Tehdy jsem si *zapamatoval*, že *ses narodil* 10. února 1967 v Halle.

Christian: Já nevím, kdy ty máš narozeniny. Kdy ses narodil?

Petr: 10. července 1966. Mně už bylo loni 22 let. Jsem tedy o rok *starší* než ty.

Christian: Doufám, že si to také zapamatuji, *abych* ti mohl *včas poblahopřát.*

Petr: To si nemusíš pamatovat. Ty jsi chodil v Halle do školy?

Chistian: Ne, rodiče *se přestěhovali* do Berlína v *roce* 1969. *Původně* jsme bydleli u dědečka a babičky. Otec pracoval v Merseburgu jako inženýr a maminka jako učitelka. Babička ještě pořád bydlí v Halle, dědeček už, *bohužel, zemřel.* Můj bratr Matthias se narodil v Berlíně.

Petr: Ty jsi chodil od první třídy do *školy s rozšířenou výukou cizím jazykům?*

Christian: Ne, až od třetí třídy. *Od té doby* také *hraji házenou*, začal jsem v *zájmovém kroužku* ve škole.

Petr: Chodil jsi také do *hudební* školy? Vím, že hraješ na *klavír.*

Christian: Do hudební školy jsem chodil 8 let.

Petr: Kdy jsi *maturoval*?

Christian: Školu jsem *ukončil* v roce 1985. To mi bylo 18 let. V *září* v roce 1987 jsem začal studovat matematiku na Humboldtově univerzitě v Berlíně.

Petr: A co chceš dělat po *studiu*?

Christian: Chtěl bych pracovat s *počítači*, nejraději v *praxi* v nějakém *závodě.* A pak bych si chtěl také *založit rodinu.* Ale to až později, teď se chci hodně učit, číst a poznávat *svět.*

2 Co se často říká:

Přeji Ti všechno nejlepší k narozeninám. Hodně štěstí, zdraví a úspěchů.

To je sice pravda, že jsem mu přál do nového roku hodně úspěchů, ale tolik zase ne!

Kámen úrazu,
ale: s chutí
do toho
a půl
je hotovo

3 Jsem o rok starší než ty.

Die **Steigerung** der Adjektive und Adverbien

Adjektiv Positiv	Komparativ	Superlativ	Adverb Positiv	Komparativ	Superlativ
	-ší, -ejší, -ější, -čí	*nej* + Komp.		*-ěji, -eji*	*nej* + Komp.
mladý	mlad*ší*	*nej*mlad*ší*	rád*	rad*ěji*	*nej*rad*ěji*
dobrý	lep*ší*	*nej*lep*ší*	dobře	**lépe**	*nej*lépe
hezký	hez*čí*	*nej*hez*čí*	pozdě	pozd*ěji*	*nej*pozd*ěji*
krásný	krásněj*ší*	*nej*krásněj*ší*	pomalu	pomal*eji*	*nej*pomal*eji*

*ursprünglich kurze Form des Adjektivs

4 Zapište si za uši: 

Die Steigerungsstufen werden manchmal von unterschiedlichen Wortstämmen gebildet:

dobrý → *lepší* . . . dobře → *lépe*
Všude dobře, doma nejlépe. (Sprichwort)

5 Přečtěte:

1. Petr je nejstarší, Jana je o 3 roky mladší. 2. Heiko je náš nejlepší žák. 3. Holger je dobrý žák, ale Martina je lepší. 4. Můj tatínek je starší než strýc Aleš. 5. Alenu mám rád, Janu ještě raději, ale nejraději mám Zuzanu. 6. Za Prahu krásnější!

. . . a ještě jeden kamínek

6 Doufám, že si to zapamatuji, abych Ti mohl poblahopřát.

Die **Konjunktion aby** (damit, daß, um zu) drückt den Willen aus, ein bestimmtes Ziel zu erreichen. Sie wird konjugiert, d. h. sie **verändert die Formen wie das Hilfsverb být im Konditional**. Das Vollverb steht dabei (wie beim Konditional) in der Form des l-Partizips.
Aby leitet Nebensätze ein, die auf die Fragen was? bzw. warum? den Hauptsatz ergänzen:

Co mi říkali?	Říkali mi,	**abych**	ti pomohl.
Co si přejí?	Přejí si,	**abys**	je navštívil.
Co chce?	Chce,	**aby**	s nimi jel na výlet na kole.
Proč musíme spěchat?	Musíme spěchat,	**abychom**	nepřišli pozdě.
Proč se musíme učit gramatiku?	Musíte se učit, gramatiku	**abyste**	správně mluvili.
Proč sportují?	Sportují,	**aby**	byli zdraví.

7 Zapište si za uši:

Beim Reflexivverb ist die 2. Person Sg.: aby *ses*, aby *sis*

A aby ses ještě lépe naučil česky, mám pro tebe knížku.
Půjdu s tebou do obchodního domu, aby sis koupila něco hezkého.

... a ještě jeden kamínek

Martínkovi jsou 2 roky, Jakubovi je 5 let.

8 Das Substantiv *rok* hat zweierlei Formen im Plural,

eine regelmäßige Form:	*roky*	und
eine suppletive Form:	*léta*	(dekliniert wie město).

Co musíme vědět i umět:

9 Petrovi je 22 let.

Nach dem **Alter** fragt man im Tschechischen:

Kolik je ti (vám) let?

10	je	mu	jeden rok
	jsou	mu	dva, tři, čtyři roky
	je	mu	pět ... deset ... padesát let

Přečtěte:

Katce	je	jeden rok.
Martínkovi	jsou	dva roky.

Lucii	je	patnáct let.
Bratrovi	je	dvacet let.
Mamince	je	jednačtyřicet let.
Tetě	je	dvaapadesát let.
Babičce	bude	pětašedesát let.
Dědečkovi	bylo	třiaosmdesát let.

Dnes je 11. května 1989

3 • 1980

PONDĚLÍ ПОН/MON MON/LUN	ÚTERÝ ВТОР/DIEN TUE/MAR	STŘEDA СРЕ/MITT WED/MER	ČTVRTEK ЧЕТ/DONN THUR/JEU	PÁTEK ПЯТ/FREI FRI/VEN	SOBOTA СУББ/SAM SAT/SAM	NEDĚLE ВОС/SONN SUN/DIM
					1	2
3	4	5	6	7	8	9
10	11	12	13	14	15	16
17	18	19	20	21	22	23
24	25	26	27	28	29	30
31						

11 Nach dem **Datum** fragen wir:

Kolikátého je?

Kolikátého je dnes?	Dnes je 31. ledna.
Kolikátého září se narodil?	Narodil se 8. září.
Kolikátého půjdeme do divadla?	Do divadla půjdeme 20. března.

Das Datum wird im Tschechischen mit Hilfe des Ordnungszahlwortes im Genitiv (Tag), des Substantivs im Genitiv (Monat) und des Grundzahlwortes (Jahr) gebildet:

Wird der Monat nur in Form des Zahlwortes ausgedrückt, steht dieses stets im Nominativ!

Tag	Monat	Jahr
6. = šestého	července = 7. = sedmý	1971 = devatenáct set sedmdesát jedna

20. = dvacátého	srpna = 8. = osmý	1973 = devatenáct set sedmdesát tři
18. = osmnáctého	října = 10. = desátý	1950 = devatenáct set padesát

12 Přečtěte:

Kdy se narodil Bedřich Smetana? Bedřich Smetana se narodil 2. 3. 1824. Kdy se narodil a kdy zemřel Carl Maria von Weber? Carl Maria von Weber se narodil 18. 11. 1786 a zemřel 5. 6. 1826.

Josef Lada: Jaro

Petr se narodil v červenci, Christian v únoru.

13 Prägen Sie sich die Namen der **Monate** und der **Jahreszeiten** ein!

led*e*n, -a, m.	Januar	v lednu	im Januar
únor, -a, m.	Februar	v únoru	im Februar
břez*e*n, -a, m.	März	v březnu	im März
dub*e*n, -a, m.	April	v dubnu	im April
květ*e*n, -a, m.	Mai	v květnu	im Mai
červ*e*n, -a, m.	Juni	v červnu	im Juni
červen*e*c, -e, m.	Juli	v červenci	im Juli
srpen, -a, m.	August	v srpnu	im August
září, -í, n.	September	v září	im September
říj*e*n, -a, m.	Oktober	v říjnu	im Oktober
listopad, -u, m.	November	v listopadu	im November
prosin*e*c, -e, m.	Dezember	v prosinci	im Dezember

jaro	Frühling	na jaře	im Frühling
léto	Sommer	v létě	im Sommer
podzim	Herbst	na podzim	im Herbst
zima	Winter	v zimě	im Winter

14 Co můžeš udělat dnes, neodkládej na zítřek!

Prägen Sie sich folgende Zeitangaben ein:

Předevčírem přijel Christian.
Včera jsme byli v kině.
Dnes (dneska) půjdeme do knihovny.
Zítra máme vyučování do dvou.
Pozítří pojedeme na výlet na kole.

Christian už nechodí do školy.

15 Die Adverbien *ještě, ještě ne, ještě pořád, už, už ne, až* drücken verschiedene *zeitliche* (temporale) *Beziehungen* aus.

Přečtěte:

Babička *ještě pořád* bydlí v Halle.	noch immer
Tatínek *ještě* není doma.	noch nicht
Pavel je *ještě* ve škole.	noch
Christian *už* je v Praze.	schon, bereits
Petr *už* mi telefonoval.	schon, bereits
Christian *už* nebydlí v Halle.	nicht mehr
Přijde *až* večer.	erst
Až od třetí třídy jsem chodil do hudební školy.	erst

Ukažte, co umíte

16 Beantworten Sie:

Kde a kdy se narodil Christian?
Kdy se narodil Petr?

Kde chodil Christian do školy?
Do jaké školy chodil Christian?
Hraje Christian na nějaký hudební nastroj?
Kdy začal Christian hrát házenou?
Kdy Christian maturoval?
Co dělá Christian teď?
Co chce Christian dělat po ukončení školy?

Opakování je matka moudrosti:

17 Setzen Sie folgende Pronomina und Substantive in den Dativ Sg.!

já, ty, on, ona, my, vy, oni, můj, tvoje, vaše, náš,
tatínek, otec, maminka, sestra, babička, teta, Zdenka, Věra, učitel, přítel, Mirek, Pavel

18 Beantworten Sie:

Kolik je vám let? Kolik let je vašemu bratrovi? Kolik let je vaší sestře? Je vaše sestra starší nebo mladší než vy? Kolik let je vašemu tatínkovi? O kolik let je dědeček starší než babička? Kdy a kde se narodil (-a)?

19 Beantworten Sie die unten aufgeführten Fragen!

Janě je 19 let. Má dva bratry, Petra a Pavla. Petrovi je 22 let, Janě 19 a Pavlovi 15 let.
Kdo z dětí je nejstarší a kdo nejmladší? O kolik let je Pavel mladší než Jana? O kolik let je Pavel mladší než Petr? Je Jana mladší nebo starší než Petr?

20 Setzen Sie die richtigen Formen der Konjunktion „aby“ ein!

1. Půjdu s tebou do obchodního domu, . . . sis něco koupila. 2. Říkali jsme mu, . . . ti pomohl. 3. Napsala jsem babičce a dědečkovi, . . . k nám přijeli. 4. Musíme se dobře učit česky, . . . v Praze všemu rozuměli. 5. Chceme, . . . nám z Prahy napsali pohlednici. 6. Paní Horáková, musíte spěchat, . . . nepřišla pozdě na nádraží. 7. Naši učitele nám přejí, . . . složili dobře zkoušky. 8. Poprosila jsem ji, . . . mi z města přinesla ovoce. 9. Paní Němcová chce, . . . s námi jela do Pece. 10. Poprosila mě, . . . jí koupila jízdenku. 11. Musíme ráno brzy vstávat, . . . nepřišli pozdě do školy. 12. Půjdeme do restaurace, . . . si mohli trochu odpočinout.

21 Beantworten Sie folgende Fragen:

Proč jste šli do obchodního domu?
Proč jste šli do restaurace?
Co přejete příteli?
Proč chcete udělat maturitu?
A proč se učíte česky?

22 Schreiben Sie Ihrem tschechischen Freund/Ihrer tschechischen Freundin eine Glückwunschkarte zum Geburtstag!

23 Beantworten Sie:

Kolikátého je dnes? Kolikátého bylo včera? Kolikátého bude zítra? Kolikátého bylo předevčírem a kolikátého bude pozítří?

24 Lesen Sie laut und achten Sie auf die Adverbien!

Petr telefonuje domů:
Petr: Tady je Petr. Jano, je už tatínek doma?
Jana: Ne, není, je ještě ve škole.
Petr: Kdy přijde domů?
Jana: Přijde až večer.
Petr: A telefonoval mi už Christian?
Jana: Ano, před chvilkou. Ale zatelefonuje ještě jednou, asi v pět. Budeš už doma?
Petr: V pět hodin už budu doma. Neříkal Christian, kde je teď?
Jana: Říkal, že je v knihovně a že tam bude až do půl páté.
Petr: Tak děkuji, ahoj!

25 Bilden Sie Sätze mit: už, ještě, ještě ne, až!
Versuchen Sie (etwa wie in Übung 24), einen zusammenhängenden Text zu bilden!

26 Lesen Sie laut und lösen Sie die Aufgabe:

Pan Hašek je o pět let mladší než pan Růžička. Pan Šejba začal chodit do školy v sedmi letech. Pan Růžička chodil s panem Šejbou do stejné třídy, začal ale chodit do školy v šesti letech. Pan Šejba ukončil devítiletou školu v roce 1965. Kolik let je panu Haškovi?

27 Bestimmen Sie das Genus folgender Substantive:

radnice, stroj, měsíc, červenec, září, prosinec, restaurace, ovoce, pečeně, hranice, hřiště, chlapec, kolej, koš, snídaně, pokoj, povolání, předsíň

28 Přeložte:

1. An der Grenze müssen wir oft warten. 2. Unser Auto steht neben dem Rathaus. 3. Morgen gehen wir in das neue Restaurant. 4. In diesem Jahr haben wir viel Obst. 5. Die Schüler warten am Sportplatz. 6. Alena bringt den Kaffee in das Zimmer. 7. Mein Freund wohnt in der Nähe des Wohnheimes. 8. Was machst du am 17. Juli? 9. Beim Frühstück höre ich Radio. 10. Ich werde den Jungen fragen, wie spät es ist.

29 Setzen Sie die Sätze aus Übung 28 ins Präteritum!

VÍM O CIVILIZACI SVOJE: STRÁVIL JSEM NOC V KRÁLÍKÁRNĚ.

30 Beantworten Sie:

V kterém měsíci máte narozeniny?
Kdy slavíme vánoce?
V kterých měsících jsou podzimní, zimní, jarní a letní prázdniny?
Kdy začíná letní čas?
Kdy zemřel C. M. von Weber?
V kterém měsíci se narodil Jan Ámos Komenský?
Kdy začíná školní rok?
Kdy začíná léto?

31 Beantworten Sie:

Kdy a kde jste se narodil (-a)?
Čím je váš otec a vaše matka?
Máte bratra nebo sestru?

V kterém roce jste začal (-a) chodit do školy?
Kam chodíte do školy teď? Kde pracujete?
Do které třídy chodíte?
Hrajete na nějaký hudební nástroj?
Kdy ukončíte školu?
Co chcete dělat po ukončení školy?

32 Schreiben Sie Ihren Lebenslauf!

Nabídka dne

33 Jaroslav Seifert (1901–1987):

První dopis mamince

ze sbírky Maminka

Už vím, dám dopis na zrcadlo
či do košíčku na šití,
však, žel, dosud mě nenapadlo
co psát, jak dopis začíti.

Maminko moje milovaná,
a v zubech konec násadky,
přemýšlím; stránka nenapsaná
čeká a čeká na řádky.

Přeji Ti dnes v den Tvého svátku
– ve slově Tvého velké T –
no vida, už mám druhou řádku
a pokračuji ve větě:

štěstí – po t se píše ě –
a zdraví – a pak selhává
už nadobro má fantasie,
tak přízemní a kulhavá.

A trhám papír, muchlaje ho
– maminka stojí nad válem
a chystá něco voňavého –
a v odhodlání zoufalém

Jaroslav Seifert – nositel Nobelovy ceny za literaturu
1984

přibíhám k ní, tiskne mě k sobě,
očima, mlčky, ptá se mě.
Pak zamoučněné ruce obě
zvedly mě rychle se země.

. . . a naše pohádka pokračuje:

34 Chlapec vyrostl v krásného mládence. Když mu bylo dvacet let, jel kolem rybářské chalupy král. Měl žízeň a poprosil o trochu vody. Plaváček mu ji přinesl. Král pochválil rybařovi syna, ale pak z hovoru poznal, že je to ten chlapec, kterého dal před 20 lety utopit. Prosil, aby mu Plaváček donesl na zámek psaní pro královnu. Rybář to samozřejmě dovolil. V dopise bylo napsáno: „Toho mládence dej hned, než se vrátím, zabít. Poroučím to." Plaváček šel lesem, ale zabloudil. Potkal starou babičku. Protože už byla tma, zůstal u ní v chaloupce přes noc. Ráno odevzdal na zámku psaní.
(Pokračování příště 14. lekce)

35 Prägen Sie sich die Lexik ein:

blahopřát II, unv.	beglückwünschen
poblahopřát II, v.	
bohužel	leider
dárek, -u m.	Geschenk
končit, III, unv.	enden
skončit, III, v.	beenden
házená, -é, f.	Handball
hrát (si) II, unv. (+ na + Akk.)	spielen
na klavír	Klavier spielen
hudební	Musik . . .
hudební škola	Musikschule
klavír, -u m.	Klavier
kroužek, -u m.	Zirkel
zájmový kroužek	Arbeitsgemeinschaft
maturovat II, uv.	Abitur ablegen
měsíc, -e m.	Monat; Mond
narozeniny, -in Pl.	Geburtstag
než	als
pamatovat si II, unv.	sich einprägen, sich merken
zapamatovat si II, v.	
počítač, -e m.	Rechner
podzimní	Herbst . . .
pozdě	spät
pozítří	übermorgen
prázdniny, -0 f. Pl.	Ferien
proč	warum
předevčírem	vorgestern
přestěhovat se II, v.	umziehen
stěhovat se II, unv.	
původně	ursprünglich
rodiče, -ů m. Pl	Eltern
slavit, III, unv.	feiern
oslavit, III, v.	
složit III, v. zkoušku	Prüfung ablegen
skládat I, unv.	
starý	alt
vánoce, vánoc, Dat. vánocům, ž.	Weihnachten
včas	rechtzeitig
vzpomínat I, unv. (si) (+ na + Akk.)	sich erinnern
vzpomenout si IV, v.	
zabývat se + Instr. I, unv.	sich beschäftigen
závod, -u m.	Betrieb
zemřít IV, zemřu . . . zemřou, v.	sterben
zkouška, -y f.	Prüfung

Prägen Sie sich folgende Wendungen ein:

Přeji ti mnoho štěstí, zdraví a úspěchů!	Ich wünsche Dir Glück, Gesundheit und Erfolge!
od té doby	seit der Zeit
škola s rozšířenou výukou jazyků	Schule mit erweitertem Sprachunterricht

12 [55 10 01]

mezinárodní	international
počítač, -e, m.	Rechner
praxe, -e, f.	Paxis
ukončení	Beendigung
výuka, -y, f.	Unterricht
založit si rodinu	Familie gründen

Do Národního divadla na Prodanou nevěstu

1 U divadelní pokladny:

Petr: Prosil bych 3 lístky na Prodanou nevěstu na úterý, 3. října. Nejraději do *přízemí* nebo do *lóže.*

Pokladní: Bohužel, přízemí ani lóži už nemám. Měla bych tu 1. balkón, 3. řadu *uprostřed.*

Petr: Je odtud dobře vidět a slyšet?

Pokladní: Jsou to velmi pěkná místa. Budete si je přát?

Petr: Ano, *vezmu* si je, děkuji.

Budova Národního divadla

Petr mluví s Christianem:

Petr: Christiane, ty lístky na Prodanou nevěstu jsem dostal.

Christian: To jsem moc rád, to už jsem si dlouho přál. Kdy je to *představení*?

Petr: V úterý, 3. října. *Začátek* je v 19 hodin. Mohli bychom se sejít za pět minut tři čtvrtě na sedm u *šatny* dole vpravo. *Vstupenku* už ti dám. *Budova* Národního divadla je velmi zajímavá, můžeme si ji trochu prohlédnout.

Christian: Vidět a slyšet českou *národní* operu v Národním divadle, to je pro mne opravdu *zážitek*. Víš, že se moc zajímám o klasickou *hudbu*. Myslím, že Prodaná nevěsta je nejznámější a *nejoblíbenější česká opera* vůbec.

Petr: Slyšel jsem, že je Prodaná nevěsta v *repertoáru* Státní opery v Berlíně.

Christian: Ano, to je. Ale přece si myslím, *že to není ono*, že to přesně *neodpovídá* českému *duchu*. Ještě znám dobře Rusalku od Antonína Dvořáka, to je *překrásná pohádka*, a pak ještě Hubičku od Bedřicha Smetany. I Janáčkovy opery se u nás hrají, například Líška Bystrouška a Zápisky z mrtvého domu.

Petr: Mohli bychom se podívat do Smetanova muzea. Je na nábřeží a je to vlastně muzeum hudby.

Christian: Mládež se u nás a v Československu zajímá hlavně o *rockovou hudbu*, ale *stojí to za to snažit se pochopit* i klasickou hudbu. Jen *šlágry* a *džez*, to je *příliš jednostranné*.

Petr: Máš pravdu. Pavel jde s námi do divadla. Jsem zvědavý, co bude říkat. Mně řekl, že s námi jde jenom proto, aby ti udělal radost. Musel jsem se tomu *v duchu smát*.

Christian: Tak ti mockrát děkuji, mám velkou radost. Vím, jaký je o lístky do Národního divadla zájem.

Smetanovo muzeum

2 Beantworten Sie:

- Welche Theatervorstellungen möchten sich Petr und Christian anschauen?
- Wann findet diese Vorstellung statt?
- Wer komponierte die Oper „Die verkaufte Braut“?
- Welche Plätze hat Petr bekommen?
- Wann und wo werden sich Petr und Christian vor der Vorstellung treffen?
- Wer kommt noch mit?
- Welche tschechische Opern werden in unserem Land gespielt?
- Interessieren Sie sich für klassische Musik?
- Welche Musik gefällt Ihnen?

Upozorňuju vás, že když se nudím, tak jsem nesnesitelnej.

3 Přečtěte:

Alena a Christian chtějí jít do kina

Alena: Slyšela jsem, že už hrají ten nový čínský* film „Poslední císař“.** *Nemáš chuť* se mnou na ten film jít? Jen nevím, kde se ten film hraje.

Christian: Můžu se podívat na program pražských kin.

* chinesisch; ** „Der letzte Kaiser“

U pokladny

Pokladní: Prosím?

Alena: Máte ještě lístky na sobotu večer?

Pokladní: Ano, mám. Ale jen do přízemí. Na balkón už nejsou.

Alena: A na neděli?

Pokladní: Na neděli je bohužel vyprodáno.

Alena: Vezmu si tedy na sobotu.

Pokladní: Na osm hodin?

Alena: Ano.

Pokladní: Kolik lístků?

Alena: Dva do desáté řady.
A prosím vás, mohla byste mi říci, jak dlouho ten film trvá? Slyšela jsem, že to má být moc dlouhý film.

Pokladní: Ano, máte pravdu. Ten film trvá dvě a půl hodiny.

Alena: Tak to znamená, když začíná v osm, tak končí až v půl jedenácté. – Děkuji. Na shledanou.

4 Gestalten Sie einen Dialog an der Theater- oder Kinokasse!

Co musíme vědět i umět

5 Prosil bych dva lístky na Prodanou nevěstu.

Das Wort *„lístek"* (na bzw. do) verwendet man oft für *Karten, Marken und Scheine* aller Art:

jízdenka, lístek na (vlak, autobus, tramvaj, metro)	Fahrkarte
vstupenka, lístek do (divadla, kina)	Eintrittskarte
stravenka, lístek na (oběd, večeři)	Essenmarke

6 Zapište si za uši:

do nebo na?

Říkáme lístek na balkón, na Prodanou nevěstu, na úterý,
ale: lístek do přízemí, do druhé řady.

Ergänzen Sie:

Prosil bych dva lístky . . úterý večer . . . přízemí nebo . . . 1. balkón. . . . desáté řady v přízemí nebo . . . druhé řady . . . balkóně? Raději . . . desáté řady v přízemí. Prosil bych dva lístky . . . osmou hodinu. Máme jenom . . . třetí řady . . . balkón.

7 Představení začíná v 19 hodin a končí v 22.30.

Die Verben wie:	*začínat*	anfangen
	trvat	dauern
	končit	enden

drücken Phasen des Geschehens aus.

Ergänzen Sie:

Kdy . . . večerní představení? . . . v 19 hodin. A kdy . . .? . . . v 22 hodin. Takže . . . 3 hodiny.

Zapište si za uši:

8 Christian se zajímá o klasickou hudbu.

zajímat	+ koho (Akk.)	jemanden interessieren
zajímat se	+ o co (Akk.)	sich interessieren für etwas
zájem o	+ co (Akk.)	Interesse für etwas

Přečtěte:

Zajímám se o klasickou hudbu. Klasická hudba mne zajímá. To mě nezajímá. Mám zájem o klasickou hudbu. Budova Národního divadla je zajímavá. Ten film nebyl zajímavý.

Ukažte, co umíte!

9 Gestalten Sie mit Ihrem Mitschüler ein Gespräch zum Thema: Verabreden eines Theater- bzw. Kinobesuches!

10 Přeložte:

Máte, prosím, ještě vstupenky na středu?
Na které představení?
Na večerní představení.
Ano, mám ještě několik vstupenek do přízemí.
Prosil bych dvě vstupenky. Děkuji.

Prosil bych tři vstupenky na dnes, na osmou hodinu.
Na osmou hodinu je všechno vyprodáno.
A na šestou hodinu?
Na šestou hodinu mám ještě několik vstupenek do třetí, čtvrté a páté řady.
Dejte mi, prosím, tři lístky do páté řady.

11 Řekněte:

– kdy začíná (představení, vyučování, film, škola)
– jak dlouho trvá (představení, film, cesta do Brna)
– kdy končí (představení, vyučování, film, opera)

12 Verlangen Sie an der Kasse:

a) – eine Karte für die „Verkaufte Braut“,
– 3 Karten für den Dienstag,
– 2 Karten für den 1. Rang,
– 5 Karten im Parkett,
– 4 Karten für die 10. Reihe,
– 6 Karten für die Abendvorstellung,

b) – 10 Fahrkarten für die Straßenbahn,
– 5 Fahrkarten für die U-Bahn,
– 1 Karte für den Bus.

13 Bilden Sie mit den Wörtern *zájem, zajímat, zajímat se* kurze Sätze.

hudba	já, ty	opera	maminka
literatura	bratr	matematika	žák
Národní divadlo	teta	informatika	přítel
Pražský hrad	strýc	cizí jazyky	sestra

M Ta kniha zajímá otce. Otec má zájem o tu knihu. Otec se zajímá o tu knihu.

Opakování je matka moudrosti

13. lekce byla velmi těžká. Ale v této lekcí budeme hodně opakovat, abychom si odpočinuli.

14 Antworten Sie:

Kolikátého je dnes (bylo včera, předevčírem; bude zítra, pozítří)?
Kdy to bylo?
jaro, léto, podzim, zima, osm hodin, středa, sobota, neděle, odpoledne, duben, 4. květen, rok 1984, 1 hodina, červenec

15 Řekněte, kolik je hodin!

Je ½4; ¾5; 6; ¼11; ½8; ½7 a 5 minut; za 5′ 2; 12 hodin.

16 Bestimmen Sie alle Ihnen bekannten Wortformen im Text zum folgenden Bild.

Zkuste si vzpomenout, sousede. Měl ten váš rododendron nějaké nepřátele?

Versuchen Sie, das Bild mit eigenen Worten zu beschreiben!

17 Schreiben Sie nach Diktat!

Petr čte pozorně plakáty a programy kin. Večer musí zatelefonovat přítelkyni a pozvat ji do kina. Bohumil Hrabal je oblíbený český spisovatel. Lístky koupíme odpoledne. Sedíme ve druhé řadě na balkóně. Těšíme se už na večer. O tom filmu jsem mnoho slyšela.

18 Ergänzen Sie die Präpositionen!

1. Jsem v Brně už ... pátku. 2. Tu knihu jsem dostal ... Pavla. 3. Jsem ... Moravy. 4. Jedu ... Brna ... Prahy autem. 5. Sejdeme se ... kina. 6. ... kina je restaurace. 7. ... tebe tam nepůjdu. 8. Jdu ... přítelkyní ... restaurace. 9. Jdu ... svému příteli. 10. Co je ... obědu? 11. Nic ... tomu nemám. 12. Musím ještě ... poštu.

19 Bilden Sie Formen des Präteritums und des Konjunktivs Präsens von folgenden Verben:

prosit, mít, moci, dostat, sejít se, prohlédnout si, vidět, slyšet, myslit, odpovídat, zajímat se, říci.

Bilden Sie kurze Sätze mit diesen Formen:

M Prosil bych dva lístky na Prodanou nevěstu.

20 Přečtěte a přeložte:

Přeji si, abys viděl Prodanou nevěstu v Národním divadle. Chci, abys dobře viděl a slyšel. Chci, abychom dostali pěkná místa. Máme místa v lóži, abychom dobře viděli a slyšeli. Sejdeme se už v $^1/_2$7, aby sis mohl prohlédnout Národní divadlo.

21 Versuchen Sie, einen Dialog zwischen dem Bär und dem Gast zu gestalten. Achten Sie auf die doppelte Verneinung.

22 Prodaná nevěsta je nejznámější a nejoblíbenější česká opera vůbec.

Bilden Sie den Positiv (1. Steigerungsstufe) und den Komparativ (2. Steigerungsstufe)!

Steigern Sie folgende Adjektive und Adverbien und bilden Sie kurze Sätze.

pěkný	pěkně	přesný	přesně
zajímavý	zajímavě	zvědavý	zvědavě
krásný	krásně	rychlý	rychle
přirozený	přirozeně	nový	nově

23 Kde a kdy se sejdete se svými kamarády?

Bilden Sie Sätze mit den unten angegebenen Lokalpräpositionen und -adverbien.

„Sejdeme se v šest večer U Kalicha." říkal dobrý voják Švejk.
A co řeknete vy?

M Sejdeme se v 7 hodin u šatny.
Sejdeme se ve tři hodiny u Hlavního nádraží.

v	nádraží	v	$^1/_2$8 Uhr
u	metro		7 Uhr
na	divadlo		12 Uhr
	město		1 Uhr
	kino		$^3/_4$7 Uhr
	škola		
	kavárna		
	obchodní dům		
	vchod do kina		

24 Vzpomínáte si také, jak se počítá?

jeden lístek, jedna vstupenka, jedna jízdenka, jedno město

A jak je to dále?
Doplňte:
dva ...., dvě ...., dvě ...., tři ...., čtyři ...., pět ...., kolik ...., několik ...., mnoho ...., osmnáct ...., dvaadvacet ....

25 Auf dem Bild sind Frau Málková, Herr Málek und der Ober. Sagen Sie, was Frau Málková zu ihrem Mann sagt und benutzen Sie die Konjunktionen *aby* und *protože*!
Beschreiben Sie das Bild.

NEMŮŽEŠ NA NĚJ MLUVIT SPISOVNĚ. VIDÍŠ, ŽE TI NEROZUMÍ.

26 Nabídka dne

Návštěva kina

Petr chodí často a rád do kina. Každých čtrnáct dní pozorně sleduje plakáty s programy pražských kin. Výběr je poměrně velký. Petr nevynechá žádný zajímavý film.
Tento týden dávají nový český film „Slavnosti sněženek" režiséra Jiřího Menzela. Film je natočen podle knihy oblíbeného spisovatele Bohumila Hrabala. Je o něj velký zájem a je stále vyprodáno. Petr musí koupit lístky v předprodeji.
U pokladny je velká fronta. Po hodině čekání je Petr konečně na řadě. Chce dva lístky na sobotu večer do první řady na balkón. Ty však už bohužel nejsou. Mají jen lístky do přízemí. Petr tedy koupí dva lístky do desáté řady. Má z lístků radost a těší se na příjemný večer. Doma zatelefonuje své přítelkyni Zdence a pozve ji do kina. Zdence se to hodí a pozvání přijme. O filmu mnoho slyšela a do kina chodí také velmi ráda.

V sobotu se sejde s Petrem čtvrt hodiny před začátkem představení u kina. Uvadečka jim zkontroluje lístky a ukáže jim jejich místa. Uvnitř je už téměř plno. Petr a Zdenka si sednou, světla zhasnou a program začíná. Nejdříve jsou reklamy, pak filmový týdeník a krátký předfilm. Po něm následuje hlavní film. Po představení si jdou Petr a Zdenka na chvíli sednout do kavárny a vyprávějí si o dojmech z filmu.

27 Národ sobě

Na vybudování Národního divadla sbíral peníze celý národ. První představení se konalo 11. června 1881. Hrála se „Libuše" od Bedřicha Smetany. Po dvanácti představeních, 23. června, bylo divadlo za účelem nutných oprav uzavřeno.
18. srpna 1881 Národní divadlo skoro úplně vyhořelo. Požár prý zavinilo několik ne zcela prohořelých kousků dřevěného uhlí. Lidé byli při pohledu na zničenou krásu zdrceni. Nové sbírky umožnily nové vybudování Národního divadla. 18. listopadu 1883 bylo Národní divadlo znovu otevřeno. Spisovatel Jan Neruda napsal ve fejetonu z 23. 11. 1883: „Hlavní věc je mít je, to Národní divadlo. A my už je máme."

Na počátku 80. let našeho století bylo toto divadlo u příležitosti stého výročí svého založení renovováno. Obnoveny byly mimo jiné i malby Josefa Mánesa, Františka Ženíška, Vojtěcha Hynaise a Mikoláše Alše. Určitou zajímavostí Národního divadlo jsou tři opony. První je železná, druhá je známá Hynaisova a třetí je sametová. Národní divadlo je významnou kulturní a architektonickou památkou.

KRAJSKÉ DIVADLO PŘÍBRAM uvádí v MALTÉZSKÉ ZAHRADĚ, Praha 1, Velkopřevorské nám.

JIŘÍ VOSKOVEC – JAN WERICH

NEBE NA ZEMI

Hudební komedie

Hudba: Jaroslav Ježek, Václav Trojan
Režie: Jaromír Janeček
Scéna a kostýmy: Jarmila Křížková
Pohybová spolupráce: Petr Boria j. h.
Hudební nastudování: Zdeněk Fous
Hraje orchestr EXPERIMENT, řídí dr. Miroslav Přibyl
Dramaturgie: Martin Tůma

Hrají: Jarmila Kolářová, Hana Czivišová, Hana Ornestová, Štěpánka Lisá, Ivana Šormová, Jiří Žák, Pavel Anděl - Milan Bouška, Ivan Klečka, Jiří Güttner, Jiří Hasil, Jaromír Husák, Zdeněk Hess, Jaroslav Pešice, Ota Filip

Termíny představení: sobota 12. srpna 1989 v 19.30 hodin
neděle 13. srpna 1989 v 19.30 hodin

Jednotné vstupné 20 Kčs. Vstup do hlediště v Maltézské zahradě (vchod z Velkopřevorského náměstí) je půl hodiny před začátkem představení. Sedadla nejsou očíslována.
V den představení obdržíte vstupenky i v pokladně v Maltézské zahradě hodinu před začátkem představení.

------------------ Zde odstřihněte ------------------

OBJEDNÁVKA VSTUPENEK

Objednáváme .... ks vstupenek na představení hry Nebe na zemi v Maltézské zahradě v Praze 1 na den .... V případě, že toto představení bude vyprodané, uvádíme náhradní termín dne ....

Vstupenky zašlete na fakturu na adresu:

....

....

.... Razítko - podpis

PSČ .... Telefon .... TZ 66 - 5858 - 89

. . . a naše pohádka pokračuje:

28 Královna četla: „Toho mládence a naši dceru dej hned, než se vrátím, oddat. Poroučím to.“ Plaváček se princezně a královně líbil a tak byla hned svatba. Když se král vrátil, zlobil se, ale ten dopis vypadal jako pravý. Z Plaváčkovy řeči poznal, že ta babička v lese byla ta, co mu před dvaceti léty slíbila královskou dceru za ženu. Král se chtěl Plaváčka zbavit a proto mu uložil, aby mu přinesl tři zlaté vlasy Děda Vševěda. Plaváček se vydal na cestu.
(Pokračování příště, lekce 15)

29 Prägen Sie sich die Lexik ein:

ani	weder
ani – ani	weder noch
balkón, -u m.	Balkon
brát si + Akk., I, beru ... berou	nehmen (sich etwas)
vzít si + Akk., I, vezmu	
budova, -y f.	Gebäude
divadelní	Theater ...
hudba, -y f.	Musik
konec, -e, m.	Ende
národ, -a, m.	Nation, Volk
národní	National ...
oblíbený	beliebt
proto	deshalb
protože	weil, da
pochopit, III, v.	begreifen
chápat, IV, chápu ... chápou, unv.	
přesně	genau, pünktlich
přízemí, -í, n.	Parkett, Erdgeschoß
řada, -y, f.	Reihe
smát se, II, směji se ... smějí se unv.	lachen
snažit se, III, unv.	sich bemühen
šatna, -y, f.	Garderobe
trvat, I, unv.	dauern
uprostřed	in der Mitte, inmitten
vstupenka, -y, f.	Eintrittskarte
vyprodaný	ausverkauft

začátek, -u, m.	Beginn
zájem, -u, m.	Interesse
zážitek, -u, m.	Erlebnis
Máš pravdu.	Du hast recht.
Nemáš chuť (+ Inf.)?	Hast du Lust . .?
Není to ono.	Es ist nicht ganz das richtige.
Stojí to za to.	Es lohnt sich.
v duchu	im stillen
džez, -u, m.	Jazz
klasická hudba	klassische Musik
opera, -y, f.	Oper
rocková hudba	Rockmusik
šlágr, -u, m.	Schlager
představení, -í, n.	Vorstellung
repertoár, -u, m.	Repertoir
příliš	sehr, zu sehr
překrásný	wunderschön
jednostranný	einseitig

Na poště

1 Christian telefonuje z telefonní budky Petrovi:

– Haló, Petře, tady je Christian. Chtěl bych poslat příteli z Českých Budějovic k narozeninám *blahopřejný telegram*. Mohl bys jít se mnou na *poštu* a pomoci mi?

Petr: Ale samozřejmě, že ano. Můžeme se sejít řekněme v půl páté? Půjdeme třeba na hlavní poštu do Jindřišské ulice.
Christian: Děkuji ti. Tak v půl páté před hlavní poštou, ano?
Petr: Ano, ahoj!

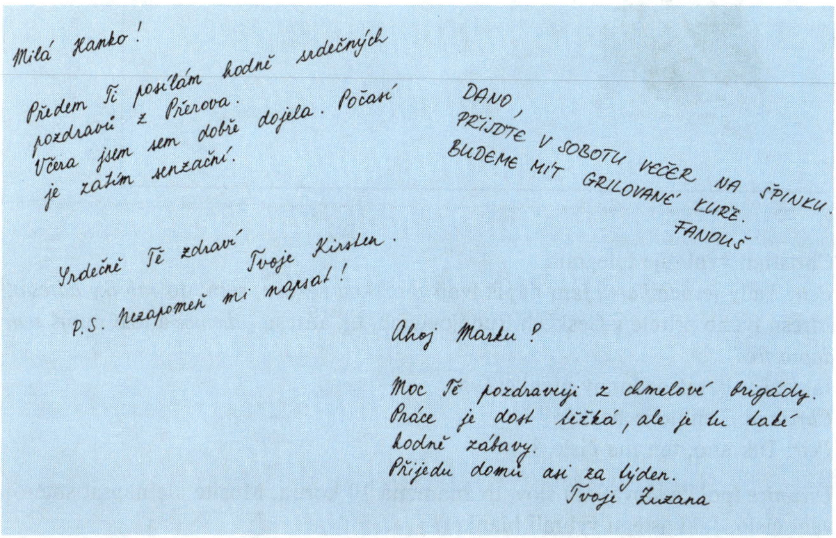

Na poště
Petr: Tak to je hlavní pošta. Odtud můžeš telefonovat do celého světa, *posílat* dopisy, *balíky*, telegramy, *pohlednice*, objednat si noviny a časopisy, koupit si nejnovější *série známek*, platit *různé účty, ukládat* a *vybírat peníze* a ještě mnoho jiných věcí.
Christian: To je výborné, ale teď bych hlavně chtěl poslat ten blahopřejný telegram.

Petr: Pojď, půjdeme k *přepážce*: telegramy, *expres, doporučené zásilky.*
Úřednice: Co si přejete prosím?
Petr: Chtěli bychom poslat blahopřejný telegram na *ozdobném blanketu.*
Úřednice: Vyplňte, prosím, formulář na telegram, potom si vyberte ozdobný blanket a řekněte mi *číslo.*

Christian vyplňuje telegram.
Petr: Tady je *odesílatel*, tam napiš tvoji *pražskou* adresu, sem, do *rubriky adresát*, adresu tvého přítele v Českých Budějovicích, t.j. adresu *příjemce* a text napiš *sem doprostřed.*
Jaký si vybereš ozdobný blanket?
Christian: Tenhle je hezký,
Petr: Tak ano, ten má číslo 8.

Úřednice (počítá slova): 20 slov, to znamená 10 korun. Musíte ale napsat směrovací číslo. Jaký jste si vybrali blanket?
Petr: Číslo 8.
Úřednice: Máte ještě jiné přání?
Christian: Potřebuji několik korunových a padesátihaléřových známek. Dejte mi, prosím, 10 korunových a 10 padesátihaléřových.
Úřednice: To je celkem 28 korun.

Christian: Petře, když už jsme tady, tak bych rád zatelefonoval rodičům do Berlína. Počkáš na mne?
Petr: Ano, počkám. To musíme ale jít vedle do *hovorny.*

Christian: Telefonní číslo domů si samozřejmě pamatuji, ale neznám *volací číslo* do Berlína.
Petr: Tak si půjčíme *telefonní seznam a* když ho *najdeme*, můžeme volat přímo z automatu.
Christian: To si ale musíme připravit hodně drobných.
Petr: Už to mám! Je to 00372. Můžeme tedy *zkusit* volat přímo.
Christian: Poradíš mi, jak to mám dělat?
Petr: Ano, řeknu ti, co a jak. Nejdříve *vlož* do *otvoru* jednokorunovou minci a *vytoč číslo.* Když se ti *ohlásí účastník hovoru, zasuň* minci do automatu a mluv!

2 Co patří k poště:

adresát, -a m. (příjemce, -e m.)	Empfänger
balík, -u m.	Paket
dopis, -u m.	Brief
expres dopis	Eilbrief
doporučená zásilka, -y f.	Einschreibsendung
(telefonní) hovorna, -y f.	Sprechraum, hier: Fernsprechraum
odesílatel, -e m.	Absender
ozdobný blanket, -u m.	Schmuckblatt
přepážka, -y f.	Schalter
telefonní automat, -u, m.	Fernsprechautomat
~ budka, -y, f.	Telefonzelle
~ seznam	Telefonverzeichnis
směrovací číslo	Postleitzahl
volací číslo	Vorwahlnummer
účastník hovoru	Gesprächsteilnehmer
koupit si známky	Briefmarken kaufen
objednat si noviny a časopisy	Zeitungen und Zeitschriften bestellen
platit účty	Rechnungen bezahlen
vkládat a vybírat peníze	Geld einzahlen und abheben
vložit minci	Münze einlegen
vytočit číslo	Nummer wählen
zasunout minci	Münze einschieben

3 Kámen úrazu,
ale s chutí
do toho
a půl
je hotovo:

Napiš sem adresu!

Im Tschechischen gibt es Imperativformen für die 2. Person Singular und für die 1. und 2. Person Plural. Der **Imperativ** wird von der 3. Person Plural gebildet. Die Personalendung wird abgetrennt und die Imperativendung angefügt. Es gibt 2 Endungsvarianten:

	2. Pers. Sg.	1. Pers. Pl.	2. Pers. Pl.
1.	0	-me	-te
2.	-i	-eme/ěme	-ete/ěte

Die *1. Variante* kommt vor, wenn vor der Personalendung 1 Konsonant steht:

	3. Pers. Pl.	Imperativformen		
I. Konjugationstyp:	dělaj-í	dělej!	dělejme	dělejte!
II. „	kupuj-í	kupuj!	kupujme!	kupujte!
III. „	rozuměj-í	rozuměj!	rozumějme!	rozumějte!
	mluv-í	mluv!	mluvme!	mluvte!
	vrát-í	vrať!	vraťme!	vraťte!
IV. „	nes-ou	nes!	nesme!	neste!
	zapome-n-ou	zapomeň!	zapo-meňme!	zapo-meňte!

Zapište si za uši:

Es kommt dabei manchmal zu Veränderungen im Stamm:

a) bei der I. Klasse wird immer -aj- zu ej! dělají, dělej!
b) wenn t, d, n, Stammkonsonanten sind, werden si zu ť, ď, ň:

   zapomenou zapomeň!
   vrátí vrať!

c) es kommt zur Kürzung des Stammvokals:

   píš-ou piš!
   vrát-í vrať!

d) das -ou- im Stamm wird zu -u-:

   nastoup-í nastup!
   koup-í kup!

Die *2. Variante* kommt vor, wenn 2 oder mehrere Konsonanten vor der Personalendung stehen:

III. Konjugationstyp:	bydl-í	bydli!	bydleme!	bydlete!
	sp-í	spi!	spěme!	spěte!
IV. „ :	otevř-ou	otevři!	otevřeme!	otevřete!
	čt-ou	čti!	čtěme!	čtěte!

Zapište si za uši:

Die Endungen -ěme und -ěte kommen dann vor, wenn der letzte Konsonant vor der Personalendung ein t, d, n, p, m, b oder v ist.

sedn-ou si	sedněte si!
zv-ou (ho)	nezvěte (ho)!
sp-í	spěte!
přečt-ou	přečtěte!

Es gibt auch unregelmäßige Imperativformen, z. B.

být	*buď! buďme! buďte!*
mít	*měj! mějme! mějte!*
jíst	*jez! jezme! jezte!*

4 Přečtěte a přeložte! Nutzen Sie dazu auch die fakultative Lexik!
Paní Nováková říká Markovi:
„Marku, dojdi na poštu. Pošli tetě Máně do Loun balík a strýčkovi Pepíkovi do Jaroměře doporučený dopis. Pak ještě kup pět korunových a deset padesátihaléřových známek a zeptej se nebo se podívej na volací číslo do Berlína. Napiš mi ho pak sem na papír, prosím tě.“

Milý Aleško! Přijedu v úterý odpoledne a přivezu závin a ovoce. Možná se mnou přijede i Magda. Tvoje teta Máňa

Milý Evžene!
Napiš mi, kdy bude další výstava alpinek. Chtěl bych se na ni přijet podívat.
Tvůj Radek

Mami,
jsem u Radky a přijdu asi v 8.
Marek

. . . . . a ještě
jeden
tvrdý oříšek

5 Chtěl bych poslat příteli do Českých Budějovic blahopřejný telegram k narozeninám.

Einige Substantive, z. B. einige geographische Namen, Bezeichnungen für bestimmte Feste und Feiern, sowie einige andere Substantive bilden nur den Plural. Man nennt sie Pluralia tantum. Sie werden je nach Genus nach den entsprechenden Musterwörtern hart oder weich dekliniert, wobei in einigen Fällen Abweichungen festzustellen sind.

Přečtěte:

Femininum (žena)		(růže)	(abweichende Dekl.)
N.	Jsou *prázdniny.*	To jsou *Krkonoše.*	Brzy budou *vánoce.*
G.	Jedu do *Tater.*	Stojí u *dveří.*	Až do *vánoc* bylo hezké počasí.
D.	Všechno nejlepší k *narozeninám.*	Jde ke *dveřím.*	Přeji si to k *vánocům.*
Akk.	Mám ráda jižní *Čechy,*	hlavně České *Budějovice.*	Slavíme *vánoce.*
Präp.	Četl o tom v *novinách.*	Pec je v *Krkonoších.*	Byl u nás o *velikonocích.*
Instr.	Je to město pod *Tatrami.*	Hranice jsou za *Teplicemi.*	Před *vánoci* mi napsal.

Maskulinum (hrad)		(stroj)	(muž)
N.	To jsou *Drážďany.*	*Peníze* nejsou všechno.	To jsou moji *rodiče.*
G.	Je z *Drážďan.*	Bez *peněz* do hospody nelez.	Dostal dopis od *rodičů.*
D.	Věnoval báseň *Hradčanům.*	Přišel k *penězům.*	Musím *rodičům* zatelefonovat.
Akk.	Před námi vídáme *Hradčany.*	Nemám *peníze.*	Christian má *rodiče* v Berlíně.
Präp.	Už jsi byl v *Drážďanech*?	Nemluv o *penězích*!	Mluvíme o *rodičích.*
Instr.	Bydlí za *Drážďanami.*	To se nedá zaplatit *penězi.*	Pojedu s *rodiči* do Tater.

Die Pluralia tantum im Neutrum, z. B. *vrata* (große Tür) oder *kleště* (Zange) werden nach entsprechenden Musterwörtern *(město, moře)* dekliniert.

6 • Möchten Sie wissen, was die Wendungen mit *peníze* bedeuten?

Peníze nejsou všechno.	Das Geld ist nicht alles.
Bez peněz do hospody nelez.	Ohne Geld keine Musik.
Přišel k penězům.	Er ist zu Geld gekommen.
To se nedá penězi zaplatit.	Das ist nicht mit Geld zu bezahlen.

Ukažte, co umíte

7 Ergänzen Sie in den folgenden Sätzen den Imperativ in der entsprechenden Bedeutung!

Vyplnit (2. Ps. Sg.) formulář.
Zatelefonovat (2. Ps. Pl.) Petrovi a Janě.
Napsat (2. Ps. Pl.) adresu odesílatele a adresáta.
Vybrat si (2. Ps. Sg.) ozdobný blanket!
Poslat (1. Ps. Pl.) mamince dopis.
Koupit (2. Ps. Pl.) korunové a padesátihaléřové známky.
Připravit si (2. Ps. Sg.) drobné!

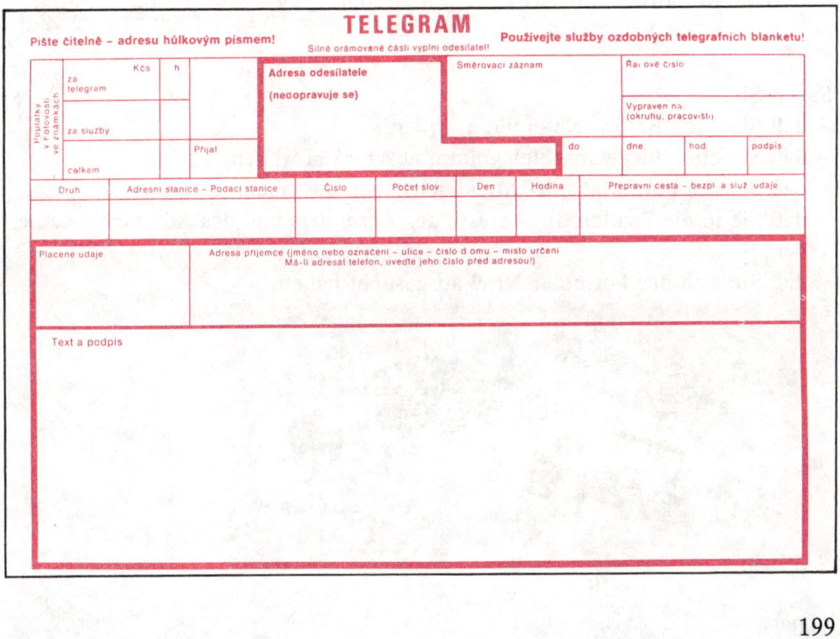

8 Bilden Sie den Imperativ der 2. Ps. Sg. und Pl.:

- poslat (dopis, balík, telegram, pohlednice)
- vyplnit (formulář, poštovní poukázka [Zahlungsanweisung], podací lístek [Einlieferungsschein])
- koupit (časopis, noviny, 3 korunové známky)
- spočítat (slovo, peníze)
- vybrat si (ozdobný blanket, pohlednice, časopis)

9 Bitten Sie

- Jana, nicht so schnell zu sprechen
- Eva, den Brief jetzt zu schreiben
- Frau Nováková, Ihnen 10 Einkronenbriefmarken und 5 Fünfzighellerbriefmarken zu geben
- Herrn Pokorný, hereinzukommen, abzulegen und sich hinzusetzen.

Verwenden Sie Imperativformen.

10 Verlangen Sie am Postschalter

- 1 Telegrammformular,
- 3 Schmuckblattformulare,
- 2 Briefmarken zu je 1 Krone,
- 5 Briefmarken zu je 50 Heller.

M Dejte mi prosím; Prosil bych . . .; Potřebuji . . .

11 Sagen Sie,

- daß Sie nach Berlin telefonieren wollen,
- daß Sie ein Glückwunschtelegramm abschicken wollen,
- daß Sie das Formular mit Druckbuchstaben ausfüllen,
- daß Sie in die Spalten die Adresse des Absenders und des Adressaten schreiben,
- daß Sie sich das Formular Nr. 9 ausgesucht haben.

12 Lesen Sie den folgenden Text!

Brno, 20. 9. 19 . .

Milý Petře,
posílám Ti mnoho srdečných pozdravů z Brna. Včera jsme sem přijeli a dnes jsme byli na procházce městem. V Brně je velmi pěkně. Zítra a pozítří navštívíme veletrh. Jsem na to opravdu zvědavý. V sobotu pojedeme zpátky do Prahy. Potom Ti všechno podrobně povím.

Vyřiď, prosím Tě, pozdravy své rodině!
Zdraví Tě
Christian

13 Teilen Sie Ihrem Freund/Ihrer Freundin schriftlich mit,
- daß Sie ihn/sie herzlich grüßen,
- daß Sie eben (právě) gut angekommen sind,
- daß die Stadt Olomouc Ihnen gut gefällt,
- daß Sie sehr neugierig auf die Besichtigung (prohlídka) der Stadt sind,
- daß Sie am Mittwoch wieder nach Prag zurückkehren,
- daß Sie seine/ihre Familie und ihn/sie grüßen.

14 Gestalten Sie ein Telefongespräch mit ähnlichem Inhalt!

15 Přečtěte text na straně 202!

16 Formulieren Sie einen ähnlichen Text!

17 Přeložte:

Ich muß noch heute zur Post. Mein Freund hat Geburtstag, und ich möchte ihm ein Glückwunschtelegramm schicken. Dann möchte ich auch meine Eltern in Berlin anrufen, aber leider kenne ich die Vorwahl nicht, so muß ich mir das Telefonverzeichnis borgen. Diese Post ist gut. Von hier aus kannst du telefonieren, Briefe, Pakete und Telegramme abschicken, verschiedene Rechnungen bezahlen, Briefmarken kaufen usw.

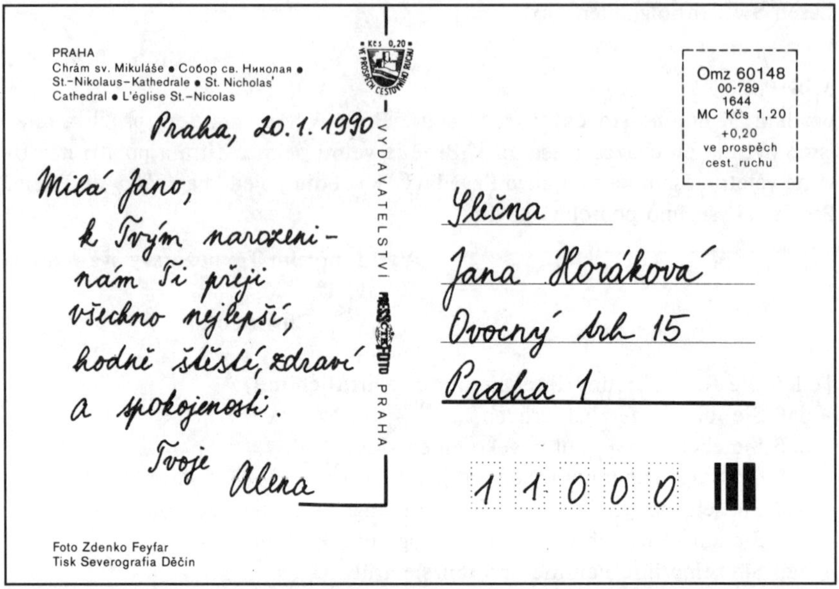
PRAHA
Chrám sv. Mikuláše • Собор св. Николая • St.-Nikolaus-Kathedrale • St. Nicholas' Cathedral • L'église St.-Nicolas
Kčs 0,20
VE PROSPĚCH CESTOVNÍHO RUCHU
Praha, 20. 1. 1990
Milá Jano,
k Tvým narozeninám Ti přeji všechno nejlepší, hodně štěstí, zdraví a spokojenosti.
Tvoje Alena
VYDAVATELSTVÍ PRESSFOTO PRAHA
Omz 60148
00-789
1644
MC Kčs 1,20
+0,20
ve prospěch
cest. ruchu
Slečna
Jana Horáková
Ovocný trh 15
Praha 1
1 1 0 0 0
Foto Zdenko Feyfar
Tisk Severografia Děčín

ČESKOSLOVENSKO
JEAN COCTEAU 1889–1963
CHARLES CHAPLIN 1889
50h
50h
Československo
PRAHA
9.3.1989
ČESKOSLOVENSKÁ POŠTA

18 Suchen Sie im folgenden Text Konjunktionen heraus und bestimmen Sie ihre Bedeutung!

1. Chtěla bych poslat blahopřejný telegram, ale nemám formulář.
2. Buď tam zatelefonujeme, nebo jim pošleme telegram.
3. Můžeš to odeslat, ale nezapomeň ještě napsat směrovací číslo.
4. Nevím, jestli mám správnou adresu.
5. Sem napiš adresu odesílatele a sem musíš napsat adresu příjemce.
6. Potřebuješ korunovou známku nebo ti stačí padesátihaléřová?
7. Když jsme už na poště, zkusím také zavolat domů.
8. Víš, že si chci objednat časopis „Mladý svět"?
9. Řekni mu, aby si vybral blanket.
10. Už to mám, takže můžeme jít.

19 Ergänzen Sie passende Konjunktionen!

1. Petr telefonoval Christianovi, ... on nebyl doma. 2. Víte, ... to je hlavní pošta? 3. Půjčím si telefonní seznam, ... zkusíme najít telefonní číslo tvého přítele. 4. . . . . . pošleme telegram, ... Petrovi zavoláme (zatelefonujeme). 5. Blanket jsem si už . . . . . vybral, ... nevím, ... ho správně vyplnit. 6. Prosil jsem ho, ... tam zatelefonoval. 7. Víte, ... se ten formulář vyplňuje? 8. Už jsem balík poslal, ... můžeme jít. 9. Řekni mi, ... jsem to správně vyplnil.

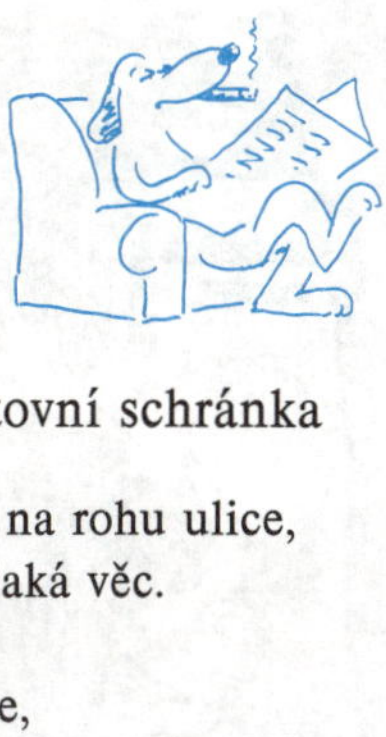

20 Nabídka dne

Jiří Wolker: Poštovní schránka

Poštovní schránka na rohu ulice,
to není nějaká lecjaká věc.
Kvete modře,
lidé si jí váží velice,
svěřují se jí docela,
psaníčka do ní házejí ze dvou stran,
z jedné smutná a z druhé veselá.

Psaníčka jsou bílá jako pel
a čekají na vlaky, lodě a člověka,
aby jak čmelák a vítr je do dálek rozesel,
– tam, kde jsou srdce,

blizny červené,
schované v růžovém okvětí.
Když na ně psaní doletí,
narostou na nich plody
sladké nebo trpké.

21 ... a naše pohádka pokračuje

Šel a šel, až přišel k černému moři. Potkal tam převozníka. Řekl mu, kam jde a prosil ho, aby ho převezl. Převozník ho prosil, aby se za to zeptal Děda Vševěda,

kdy konečně bude moci přestat převážet, že už převáží dvacet let. Plaváček slíbil, že se zeptá.
Potom přišel k velkému, ale smutnému městu. Potkal starého dědečka. Když řekl, že jde k Dědu Vševědovi, dědeček ho hned poslal ke králi. Král Plaváčka prosil, aby se Děda Vševěda zeptal, co se stalo s jabloní, která dříve nesla jablka mládí, a teď už po dvacet let ani jedno. Plaváček slíbil, že se zeptá.
Pak přišel k jinému velkému a smutnému městu. Potkal mládence a ten ho také prosil, aby hned šel ke králi, než půjde k Dědu Vševědovi. Král ho prosil, aby se Děda Vševěda zeptal, proč městu vyschla studna s živou vodou, která dříve, naposled před dvaceti léty, každého uzdravovala. Plaváček slíbil, že se zeptá.
(Pokračování příště, lekce 16)

22 Prägen Sie sich die Lexik ein:

blahopřejný	Glückwunsch ...
doprostřed	in die Mitte
nacházet, III, unv.	finden
najít, IV, v.	
pohlednice, -e, f.	Ansichtskarte
posílat, I, unv.	senden, schicken
poslat, IV, pošlu, v.	
pošta, -y, v.	Post
pražský	Prager
různý	verschieden
sem	hierher
vybírat, I., unv. (si)	1. auswählen, aussuchen
vybrat, IV, v. vyberu (si)	
	2. (Geld) abheben
zkoušet, III, unv. -ejí	versuchen, probieren
zkusit, III, v.	
řeknu ti, co a jak	ich sage dir, was du machen sollst
otvor, -u, m.	Öffnung, Schlitz
rubrika, -y, f.	Spalte, Rubrik
série, -e, f.	Serie
ukládat, I, unv.	Geld einzahlen
uložit, III, v.	
vkládat, I, unv.	1. hineinlegen, 2. Geld einzahlen
vložit, IV, v.	
vytočit číslo, III, v.	die Nummer wählen (beim Telefonieren)
ohlašovat se, II, unv. ohlašuji se	sich melden
ohlásit se, III, v.	
zasunout, IV, v. zasunu	hineinschieben, hineinstecken
t. j., to jest	d. i., d. h.

16

Za sportem

1 *Petr:* To je dobře, Christiane, že už jdeš. Jana právě připravuje věci na výlet.

Christian: Doufám, že ode mne nebudete čekat žádné sportovní *zázraky*. Na kole nejezdím závodně, jako ty Petře, a pojedu určitě *nejpomaleji.*

Petr: To přece *nevadí,* tak já také nepojedu tak *rychle.* Ty zase *umíš* dobře hrát *fotbal* a házenou.

Christian: No ano, doma jsem hrál za „Rotation Berlin" jako střední útočník. Už jsme několikrát *zvítězili,* ale také několikrát *prohráli.* Tady v Praze bych chtěl začít hrát za muže v *klubu „Vysoké školy".* Už jsem se ptal, trénink je dvakrát týdně, v pondělí a ve čtvrtek. Je spojený i s jinými sportovními disciplínami, jako např. s během, skokem do výšky i dálky, a jinými.

Už dlouho ho podezřívám, že pracuje pro obě strany...!

Petr: My trénujeme podobně, takže *pěstujeme* také i jiné druhy sportu, např. *plavání.* Často hrajeme *volejbal* a *košíkovou,* někdy *stolní tenis.* V zimě si i zahrajeme *lední hokej.*

Christian: Ty jsi ale *sportovec,* člověče! A co Jana?

Petr: Jana má ráda gymnastiku, velmi pěkně cvičí na nářadí. V zimě jezdíme na hory, kde hlavně *lyžujeme.* Tady v Praze chodíme často *bruslit* na zimní stadión. Je tam sice vždycky hodně lidí, ale je to tam moc pěkné.

Christian: Vidíš, to je *nápad.* Já také rád bruslím, takže někdy s vámi určitě půjdu. Sport je *zdravý.*

Jana: Vy si tady *povídáte* a já na vás čekám. Už jsem všechno připravila, můžeme tedy vyrazit. Jen *držte palce,* aby nám po cestě *nepršelo.*

Přečtěte:

2 Jirka a Mirek jdou na hřiště, které je hned vedle školy. Dnes se totiž koná školní přebor v lehké atletice. Jirka má hlavně rád skok vysoký a skok daleký, protože v těchto disciplínách dosahuje dobrých výsledků. Mirek zase dobře běhá na nejrůznější vzdálenosti, nejraději však na 100 m. Loni tento závod vyhrál. Na programu školního přeboru je také vrh koulí, ale toho se oba žáci nemusí zúčastnit.

3 Milá Evo,

srdečně Tě zdravím z lyžařského výcviku v Krkonoších. Máme se zde velmi dobře, počasí je krásné a sníh výborný. Dopoledne hned po rozcvičce lyžujeme a odpoledne podnikáme výlety na lyžích. Někteří z nás také sáňkují.

Večer se často díváme na televizi, protože nás velmi zajímají zimní olympijské hry. Nejraději sledujeme krasobruslení, skoky na lyžích a rychlobruslení.

Měj se hezky a zase mi brzy napiš!
Srdečně Tě zdraví

Tvoje Milada

4 Co všechno patří ke sportu:

lyžovat, II, unv.	Ski laufen
lyže, -e f.	Ski
lyžařský výcvik, -u m.	Skikurs
bruslit, III, unv.	Schlittschuhlaufen
krasobruslení, -í n.	Eiskunstlauf
rychlobruslení, -í n.	Eisschnellauf
lehká atletika, -y f.	Leichtathletik
olympijské hry	Olympische Spiele
rozcvička, -y f.	Einturnen (Frühsport)
cvičení na nářadí	Geräteturnen
skoky na lyžích	Skispringen
školní přebor, -u m.	Schulwettkampf
vrh koulí	Kugelstoßen
hod, -u, m.	Wurf
gymnastika, -y, f.	Gymnastik
běh, -u, m.	Lauf
běhat (I) na nejrůznější vzdálenosti	über verschiedene Strecken laufen

sáňkovat II. uv.	Schlitten fahren
střední útočník	Mittelstürmer
fotbal, -u, m.	Fußball
lední hokej, -e, m.	Eishockey
košíková, -é, f.	Basketball
stolní tenis, -u, m.	Tischtennis
skok do výšky (do dálky), -u, m.	Hochsprung (Weitsprung)
plavání, -í, n.	Schwimmen

Tvoření slov

5 Trénink je spojený i s během a skokem do výšky

Von den Verben werden häufig Substantive gebildet:

běhat	*běh*
skočit	*skok*
vrhat	*vrh*
hrát	*hra*
jezdit	*jízda*

Zapište si za uši:

Bei der Bildung solcher Substantive kann es manchmal zur Stammveränderung kommen:

jezdit na kole	jízda na kole
skákat do výšky	skok do výšky

6 Pěstujeme rádi plavání a lyžování

Zur Bildung der **Verbalsubstantive**
Von vielen Verben kann man Verbalsubstantive bilden, die nach dem Musterwort *povolání* dekliniert werden.

plavat	*plavání*	bruslit	*bruslení*
lyžovat	*lyžování*	psát	*psaní*
cvičit	*cvičení*	mýt	*mytí*

Zapište si za uši:

čĺst **čtení**

Kámen úrazu,
ale co: s chutí
do toho
a půl
je hotovo

7 Nejezdím závodně, a tak pojedu určitě nejpomaleji.

Neben den ursprünglichen **Adverbien** wie z. B. tam, kam, dnes, tady verfügt das Tschechische über solche, die **von den Adjektiven abgeleitet** werden; dazu dienen die Suffixe *-ě, -el, -y, -o* bzw. *-u.*

závodn*í*	závodn**ě**	hezk*ý*	hezk**y**
určit*ý*	určit**ě**	dlouh*ý*	dlouh**o**
dobr*ý*	dobř**e**	pomal*ý*	pomal**u**

Zapište si za uši:

8 Manche Komparativ- und Superlativformen sind mit Stammveränderungen verbunden bzw. werden von einem anderen Stamm gebildet:

vysoko	*výš/e/*	špatně	*hůř/e/*
dobře	*lépe*	brzy	*dřív/e/*

Přečtěte:

1. Jirka skáče výš než Mirek. 2. Dnes cvičil na nářadí lépe než včera. 3. Jitka přišla domů dříve než Věra. 4. Matematiku umí hůř než češtinu.

. . . a ještě jeden oříšek

16. lekce se teď ptá, co ses naučil v 11.

9 Často hrajeme košíkovou.

Wie *vrchní* und *vepřová* werden auch weitere **substantivierte Adjektive** *(pokladní, drobné, kopaná, házená, košíková, Hluboká* usw.*)* wie Adjektive dekliniert.

10 Přečtěte a přeložte:

1. Máte drobné? 2. Přejeme si vepřovou. 3. Vrchní nám přinesl dvě piva. 4. Hraji rád házenou, ale ještě raději kopanou. 5. V létě pojedeme na Hlubokou. 6. Zeptáme se vrchního, kde je volný stůl. 7. Prodavačka stála hned vedle pokladní.

. . . . a ještě jeden kamínek

Das Substantiv *člověk* (Deklination wie pán) hat im Plural die Form *lidé* (Deklination wie radost im Pl. – außer Nom.)

Kdepak, Bedřichu, takhle neutíká člověk, kterej má čistý svědomí!...

Zapište si za uši:

Der Vokativ
von *člověk* ist

člověče!

11 Přečtěte:

1. Ty umíš pěkně bruslit, člověče! 2. Toho člověka neznám. 3. Petr má knihu Člověk a příroda. 4. Je tam hodně lidí. 5. Vyprávěl nám o lidech ze Šumavy. 6. S těmi lidmi už jsme jednou jeli do Brna.

Co musíme vědět i umět

12 Umíš bruslit? Tak můžeš jít s námi odpoledne na zimní stadión.

Das Verb **können** muß ins Tschechische mit **moci** übersetzt werden, wenn die Möglichkeit, und mit **umět**, wenn die Fähigkeit, Kenntnis oder Fertigkeit gemeint ist.

moci	**umět**
Můžu bruslit.	*Umím* bruslit.
(ich habe die Möglichkeit, es ist mir möglich)	(ich habe es gelernt und besitze die Fähigkeit)

13 Přečtěte a přeložte:

Christian: Odpoledne s vámi půjdu na zimní stadión. Můžu bruslit.
Petr: Asi chceš říct, že umíš bruslit.
Když řekneš, že můžeš, tak to znamená, že ti to nikdo nezakazuje. Když řekneš umíš, tak to znamená, že to ovládáš. Do češtiny se německé sloveso können překládá buď moci nebo umět.
Christian: Děkuji, už si to budu pamatovat.

Ukažte, co umíte

14 Führen Sie die begonnenen Sätze zu Ende!

1. Hraji za klub .... 2. Trénink je spojený .... 3. My pěstujeme i jiné druhy sportu, např ...... 4. Rádi hrajeme ..... 5. Chodíme často .....

15 Beantworten Sie folgende Fragen; nutzen Sie dazu auch die fakultative Lexik!

Jaký sport máte nejraději?
O jaký druh sportu se zajímá vaše sestra (váš bratr, přítel, strýc, tatínek, vaše přítelkyně, učitelka, maminka, teta atd.)?
Co hrajete nejraději?
Jaký sport je v naší zemi nejoblíbenější?
Na jaké sportovní disciplíny se nejraději díváte?
Jaký druh sportu je pro vás nejzajímavější?

16 Lesen Sie den Text und bestimmen Sie die unterstrichenen Wörter!

1. Pavel je dobrý kamarád. 2. Také ve škole se učí velmi dobře. 3. Na výletě jsme měli hezké počasí, ale včera nebylo vůbec hezky. 4. Pavel byl na kole vždycky nejpomalejší. 5. I dnes jezdí ze všech nejpomaleji. 6. Můj český přítel mluví dobře německy.

17 Ergänzen Sie folgende Tabelle:

Adj.	Adv.	Adj.	Adv.
vysoký		rychlý	
	daleko		podobně
	pěkně	dlouhý	
dobrý			hlavně
	česky	častý	
pomalý			mile
	správně	hezký	

18 Bilden Sie mit den Adjektiven und Adverbien kurze Sätze!

19 Ergänzen Sie richtige Adverbien. Verwenden Sie, wenn möglich, auch Komparativ- und Superlativformen!

1. Můj přítel hraje ...... kopanou. 2. Jirka nejezdí na kole .... 3. Umím ..... plavat. 4. Chodíme .... trénovat. 5. Sportovec skočil ...... 6. Hrajete volejbal ..... než váš učitel. 7. Musíš jít ..... 8. .... jsem hrála házenou, ale teď hraji .... tenis.

20 Přečtěte a přeložte:

1. Můžeš k nám zítra přijít? 2. Umí Christian dobře česky? 3. Petr už umí výborně jezdit na kole. 4. Můžete jít s námi bruslit? Nemůžeme, ani bruslit neumíme. 5. Můžeš mi pomoci s úkolem? 6. Andreas by mohl přistoupit v Kutné hoře. 7. Mirek umí hrát na klavír.

21 Přeložte:

1. Können Sie mir sagen, wie spät es ist? 2. Ich kann nicht Ski laufen. 3. Können wir uns um 9 Uhr treffen? 4. Kannst du die Fahrkarten kaufen? 5. Können Sie gut deutsch? 6. Christian kann Fußball besser spielen als Peter. 7. Ich konnte es ihm nicht erklären. 8. Du hast nicht gelernt, deshalb konntest du auch nichts.

22 Ergänzen Sie passende Verben!

1. V zimě rádi ..... 2. Chodíme často ..... na zimní stadión. 3. Volejbal ...... v pondělí a v pátek. 4. Michal a Petr rádi .... kopanou a lední hokej. 5. Ivan .... v běhu na 100 m. 6. Moje sestra Alena pěkně .... na nářadí. 7. Včera jsme ...... ve stolním tenise 1 : 2.

23 Sagen Sie tschechisch,

- daß das Schwimmen sehr gesund ist,
- daß ihre Freundin gut an den Geräten turnt,
- daß Sie im Winter ins Gebirge fahren und dort Ski laufen,
- daß Pavel oft Handball und Volleyball spielt,
- daß Sie das Schlittschuhlaufen gern haben,
- daß die Sportler den Hoch- und Weitsprung trainieren.

24 Erzählen Sie, welche Möglichkeiten es in Ihrer Stadt zur sportlichen Betätigung gibt.

Železný: na jeden úspěch čtyři nezdary

25 Oštěpařova filozofie

Světový rekordman Jan Železný udělal určitě správně, když letěl do Barcelony co nejpozději. Byl a je asi nejhledanějším naší sportovcem. Rozumně si „výslech“ odbyl hned po příletu.
Nevadí vám, že se vás všichni stále ptají, zda vám nebude vadit zákaz nářadí, kterým jste hodil světový rekord?
„Znovu jsem musel mluvit na toto téma, znovu se mne ptali, zda je důležitější oštěp nebo oštěpař? V Londýně házel Backley stejným oštěpem jako já v Oslo a letěl mu 84 metry. Zkoušeli ho i další a zatím neúspěšně. Tady se budu rozhodovat mezi dvěma typy schválenými pro olympijský závod – mezi sandvikem a némethem.“
Na základě čeho se rozhodnete?
„To se těžko vysvětluje: sandvik slušně letí i tehdy, když ho hodíte technicky špatně, németh je citlivější, ale pokud ho správně strefíte, letí dál.“
Překvapuje mne, že nemusíte za každých okolností házet oštěpem svého hlavního sponzora – Miklose Németha?
„Smlouvu, která by mne omezovala při výběru nářadí v soutěži bych nikdy nepodepsal. Dostal jsem velice atraktivní kontrakt od japonské firmy Nishi, ale ta by po mně chtěla daleko pevnější spojení, proto jsem se jí neupsal. Naopak u Finů není nic neobvyklého, když jsou důkladně svázáni se svým výrobcem oštěpů. Právě z Finska vane vítr na mlýn věčných sporů, které právě v naší disciplíně jsou …
Naší atletické výpravě se zatím v Barceloně příliš nedaří. Neobáváte se, že budete pod příliš velkým tlakem?
„Já mám v podstatě jednoduchou filozofii – na jeden úspěch si musíte protrpět tři, někdy čtyři neúspěchy. Sám jsem prožil v červenci ohromnou proměnu v Oslo, kde jsem se při tréninku trápil a házel 74 m a pak se mi podařilo překonat světový rekord. Udělal jsem v přípravě maximum. Manželka mi při loučení říkala – ‚Především se mi vrať zdravý‘.“

26 V zdravém těle zdravý duch!
Sportem ku zdraví.

. . . a naše pohádka pokračuje

27 Šel a šel dál, až přišel do černého lesa. Uprostřed lesa uviděl krásnou zelenou louku a na ní zlatý zámek; byl to zámek Děda Vševěda. Plaváček v zámku našel

jenom starou babičku. Ta mu řekla, že mu pomůže. „Děd Vševěd je můj syn, jasné Slunce. Ráno je dítětem, v poledne mužem a večer starým dědem. Je hodný, ale večer má vždy velký hlad, musíš se schovat, aby tě nesnědl. Ty tři zlaté vlasy ti opatřím." Plaváček prosil, aby se zeptala také na ty tři věci a schoval se.

Najednou přiletělo Slunce, starý dědeček se zlatou hlavou. „Nemáš tu někoho, matko?" ptal se. „Jako by tu byl nějaký člověk." „Ale kdepak, to se ti zdá", povídá babička.

(Pokračování lekce 17)

28 Prägen Sie sich die Lexik ein:

běhat, I, unb. běžet, III, b.	laufen
dosahovat, II, unv. (+ Gen.) dosáhnout, IV, v.	erzielen, erreichen
disciplína, -y f.	Disziplin
druh, -u m.	Art, Sorte
i	und auch
konat se, I, unv.	stattfinden
nápad, -u m.	Einfall, Idee
ovládat, I, unv.	beherrschen

pěstovat, II, unv. (sport)	hier: Sport treiben
pomalu	langsam
prohrát, II, v., prohraji . . . prohrají prohrávat, I, unv.	verlieren
pršet, III, unv.	regnen
rychlý	schnell
sledovat, II, unv.	verfolgen, folgen
sníh, sněhu, m.	Schnee
sportov*e*c, -e m.	Sportler
stadión, -u m.	Stadion
trénovat, II, unv.	trainieren
umět, III	können
vyhrát, II, v., vyhraji . . . vyhrají vyhrávat, I, unv.	gewinnen
výsled*e*k, -u m.	Ergebnis
závod, -u m.	Wettkampf, Betrieb
závodní sport	Leistungssport
zázrak, -u m.	Wunder
zdravý	gesund
zúčastnit se + Gen., III, v.	an etwas teilnehmen
zvítězit (+ nad + Instr.), III, v.	siegen
Prägen Sie sich die Wendungen ein:	
spojený s	verbunden mit
držet palce	Daumen drücken
jezdit na hory	ins Gebirge fahren
můžeme vyrazit	wir können losgehen
to nevadí	das macht nichts
No ano.	Na ja.
vysoká škola	Hochschule
zakazovat někomu něco, II, unv. zakázat, IV, v. zakážu	jemandem etwas verbieten

17

Na nádraží

1 Christian *hledá* s Petrem v *jízdním řádu,* jak jezdí vlaky z Prahy do Brna.

Petr: Podíváme se, které vlaky jezdí do Brna.

Christian: Tady je jeden, který *vyjíždí* z Prahy v půl třetí odpoledne a *přijíždí* do Brna v půl sedmé večer.

Petr: Raději bych jel trochu později. Moc *výhodný* vlak je Brněnský drak. V Praze začíná a v Brně končí, *odjíždí* z Prahy v 18.25 a v Brně je po desáté hodině.

Christian: Podívej se, jestli *staví* v Kutné hoře. Andreas by chtěl jet s námi a chtěl by v Kutné hoře *přistoupit.*

Petr: V Kutné hoře staví. Ale proč s námi nemůže jet Andreas už z Prahy?

Christian: Andreas včera odjel do Kutné hory a zůstane tam do soboty. Můžeme mu ale zatelefonovat, kterým vlakem pojedeme, aby nastoupil do správného vlaku.

Petr: Tak pojedeme Brněnským drakem. Musíme ale *dojet* na Hlavní nádraží *pro* jízdenky a *místenky.*

Christian: Proč potřebujeme místenky?

Vchod do haly Hlavního nádraží

Petr: Brněnský drak je *povinně místenkový vlak.* Je ale moc výhodný a rychlý.
Christian: Jezdí z Hlavního nádraží?
Petr: Nevím jistě, jestli z Hlavního nádraží nebo Holešovic. Mám jen starý jízdní řád, nový ještě *nevyšel.* Myslím, že se něco *změnilo.* A místenky se dostanou jenom na tom nádraží, odkud ten vlak vyjíždí nebo kde staví.
Christian: *To* už myslím *neplatí.* Místenky se dostanou u každé *místenkové pokladny.* Zeptáme se na nádraží u *informací* nebo se podíváme na *informační tabuli.*
Petr: Určitě tam bude ale hodně lidí, budeme muset dlouho čekat.
Christian: Nemusíš jet se mnou, *zařídím* to sám. Když budu dlouho čekat, tak si přečtu noviny.

Na nádraží u informací:

Christian: Mohl byste mi prosím říci, z kterého nádraží a v kolik hodin jezdí Brněnský drak?
Úředník: Jezdí z Holešovic, v 18.25, obvykle ze 3. nástupiště.
Christian: Jezdí i v sobotu a v neděli?
Úředník: Jezdí každý den, v *pracovní dny* i v *dny pracovního klidu.*

V nádražní hale

U nádražní pokladny:

Christian: Prosil bych dvě jízdenky a místenky na Brněnský drak, na 3. března.
Pokladní: Tady u mne můžete dostat jenom jízdenky. Místenky u místenkové pokladny vedle. 1. nebo 2. třídu?
Christian: 2. třídu, prosím.

U místenkové pokladny:

Christian: Prosil bych dvě místenky na Brněnský drak, na sobotu, 3. března, 2. třídu, *nekuřák.*
Pokladní: Na 3. března je 2. třída vyprodána. Mám ještě 1. třídu.
Christian: A na 4. března?
Pokladní: Na 4. března místenky ještě jsou.
Christian: Existují i *bezmístenkové* vlaky do Brna? Nebo bezmístenkové vozy?
Pokladní: *Ovšem,* například vlak ve tři hodiny je bezmístenkový a v některých vlacích jsou bezmístenkové vozy.
Christian: Děkuji.

2 Co udělá v této situaci Christian?
Konstruieren Sie Texte zu den möglichen Entscheidungsvarianten!

Beispiele:
- Christian ruft Petr an und berät sich mit ihm,
- Christian kauft Platzkarten für einen anderen Zug am 3. März,
- er kauft Platzkarten für den Brněnský drak am 4. März,
- er kauft Fahrkarten für die erste Klasse usw.

Gestalten Sie Dialoge mit den Rollen von Christian, Petr, der Beamtin usw.!

3 Co často slyšíme na nádraží:

- Vlak je povinně místenkový. Nástup bez platné místenky není dovolen.
- Vlak zde končí. Všichni vystupte!
- Ke třetímu nástupišti přijede mezinárodní rychlík Vindobona z Vídně, Gmündu, Českých Velenic, Tábora a Prahy Hlavního nádraží. Vlak pokračuje dále do Ústí nad Labem, Děčína, Drážďan a Berlína. Pravidelný příjezd v 15 hodin 41 minut. Pravidelný odjezd v 15 hodin 43 minut.
- Ukončete nástup do rychlíku číslo 76 do Děčína, Drážďan a Berlína.
- Na třetím nástupišti je připraven k odjezdu rychlík č. 76 do Děčína, Drážďan a Berlína.
- Na druhém nástupišti nastupujte do rychlíku směr Kolín, Kutná Hora, Havlíčkův Brod, Brno.
- Na druhé nástupiště přijíždí opožděný rychlík z České Třebové.

. . . a co často vidíme:

– Příjezd.	Odjezd.	Zpoždění.
Východ.	Příchod k vlakům.	Čekárna.

Kámen úrazu,
ale ještě
jednou s chutí
do toho
a půl je hotovo

4 Andreas by chtěl přistoupit v Kutné Hoře.

Teď se Vás 17. lekce ptá, co jste dělali v 6. lekci.
Beobachten Sie, wie die **Bedeutung** der Bewegungsverben durch die **Präfixe** modifiziert wird:

vy-	(vyjet, vyjít)
pře-	přestoupit, přestupovat)
při-	(přijet, přijít, přistoupit, přistupovat)
na-	(nastoupit, nastupovat)
od-	(odjet, odejít)
pro-	(projet, projít)

5 Vlak přijíždí do Brna po desáté hodině.

Die **präfigierten Bewegungsverben bilden Aspektpaare.** Der vollendete Aspekt wird von der bestimmten Form des Bewegungsverbs gebildet *(jet, při*-**jet**), die Form des unvollendeten Aspektes weicht von der Form des unbestimmten Bewegungsverbs ab und kommt unpräfigiert nicht vor *(jezdit, při*-**jíždět**).

best. Form	voll. präf. Form	unbest. Form	unvoll. präf. F
	odjet		odjíždět
jet	přijet	jezdit	přijíždět
	vyjet		vyjíždět
	odejít		odcházet
jít	přijít	chodit	přicházet
	vyjít		vycházet

Zapište si za uši:

6 Einige Bewegungsverben werden nur in der präfigierten Form gebraucht:

Nastoupíme v Praze.
Přistoupíme v Kutné Hoře.
Vystoupíme v Brně.

Nastupujeme do vlaku.
Přistupujeme vždycky v Kutné Hoře.
Budete vystupovat?

7 Die präfigierten Verben haben häufig mehrere Bedeutungen:

vyjít, vycházet	hinaus-, herausgehen; erscheinen (von Büchern, Zeitungen usw.)

Kde je Christian? Právě vychází tam z obchodu. Vyšel už nový jízdní řád? Ne, ještě nevyšel, vyjde asi až v červnu.

Zapište si za uši:

8 Die Bewegungsverben mit den Stämmen *-jíždět* und *-cházet* gehören dem *IV. Konjugationstyp* an:

Odjíždím do Berlína.	Vycházím z domu v 7 hodin.
Kdy odjíždíš?	Kam odcházíš?
Vlak vyjíždí z Prahy.	Právě vychází nový jízdní řád.
Právě přijíždíme do Brna.	Přicházíme na 3. nástupiště.
Odjíždíte už zítra?	Už odcházíte?
Odjíždějí do Kutné Hory.	Přicházejí k němu často.

9 Lesen Sie laut und erklären Sie die Bedeutung der Präfixe:

Z kterého nádraží odjíždějí obvykle vlaky do Berlína? Nejvíce vlaků do Berlína odjíždí z Prahy Holešovic. Na které nástupiště přijede Vindobona? Nevím přesně, ale obvykle přijíždí na 3. nástupiště. Víš, Christiane, že vlaky mezi Brnem a Blanskem projíždějí 7 tunely? Už nesmíte nastupovat, vlak se rozjíždí. Tatínek vychází denně už v půl šesté z domu. Musíme vyjít už v sedm, abychom nepřišli pozdě.

10 . . . a ještě jeden kamínek

Nevíš, jestli ten vlak staví v Kutné Hoře?

Die **indirekten Fragen** werden mit Hilfe der **Konjunktion jestli** gebildet:

Podívej se, *jestli* staví v Kutné Hoře.
Nevím jistě, *jestli* jede z Hlavního nádraží nebo z Holešovic.
Zeptal se u informací, *jestli* je ten vlak povinně místenkový.

Nevíš, kdy ten vlak odjíždí?

Die indirekten Fragen werden auch mit den **Fragepronomen bzw. -adverbien** eingeleitet:

Nevíš, *z kterého* nástupiště jede vlak do Berlína?
Nevíš, *odkud* vyjíždí Brněnský drak?
Zeptej se, *v kolik* hodin ten vlak přijíždí do Brna.

Zapište si za uši:

11 Die Wortfolge in einer direkten und einer indirekten Frage ist gleich:

V kolik hodin přijíždí vlak z Berlína?	Zeptej se, v kolik hodin přijíždí vlak z Berlína.
Kterým vlakem pojedeme do Brna?	Nevím ještě, kterým vlakem pojedeme do Brna.
Je ten vlak místenkový?	Nevíš, jestli je ten vlak místenkový?

12 Ergänzen Sie fehlende Verbindungswörter:

1. Zeptej se, . . . je ten vlak místenkový. 2. Nevím, ... staví v Kutné Hoře. 3. Víš, . . . vlak jede ve 3 hodiny odpoledne do Brna? 4. Zeptáme se, . . . staví. 5. Nevím, . . . ten vlak jede přes Pardubice nebo přes Hradec Králové. 6. Ptal ses, . . . vůz je místenkový? 7. Chci vědět, . . . přijíždí ten vlak do Bratislavy.

13 Bilden Sie aus den indirekten direkte Fragen:

M Je ten vlak místenkový?

Co musíme vědět i umět

Musím dojet na nádraží pro místenky.

14 Das deutsche Verb *holen* wird im Tschechischen wiedergegeben durch

jít pro + Akk. bzw. jet pro + Akk chodit pro + Akk. bzw. jezdit pro + Akk	(unvollendet)
dojít pro + Akk. bzw. dojet pro + Akk.	(vollendet)

Jdu pro noviny.	Ich hole die Zeitung (ich bin gerade dabei).
Dojdu pro noviny.	Ich hole die Zeitung (ich habe es vor).
Šel pro doktora.	Er ist losgegangen, um den Arzt zu holen.
Došel pro doktora.	Er holte den Arzt.
Odpoledne půjdeme pro vstupenky. Odpoledne dojedeme pro vstupenky.	Am Nachmittag holen wir die Eintrittskarten.
Jděte pro mléko! Dojděte pro mléko!	Holen Sie Milch!

15 Přečtěte a přeložte:

1. Odpoledne půjdeme pro místenky. 2. Kdo půjde dnes pro děti? 3. Kdo dojde pro babičku? 4. Nemusíš už jít pro jízdenky, Alena už pro ně šla. 5. Nemusíte jít pro místenky. Petr už pro ně došel. 6. Můj tatínek chodí sám každý čtvrtek pro pivo. 7. Jezdíme k babičce pro ovoce a zeleninu. 8. Dojdeš pro chléb nebo tam musím dojít sama? 9. Jdeš pro housky? 10. Nejdu pro housky, jdu pro maso. 11. Nejezděte pro vstupenky, Petr vám tam dojede. 12. Chodím každý den pro děti do školy.

Ukažte,
co umíte!

16 Sagen Sie, wann gewöhnlich folgende Züge abfahren bzw. ankommen:

	Abfahrt Berlin	Ankunft Prag
Balt-Orient-Expreß	0,14	7,24
Hungaria	7,32	14,10
Vindobona	8,02	14,48
D 1373 (Trakia)	11,14	18,38
Pannonia-Expreß	12,20	19,28
Primator	15,02	21,20
Metropol	16,56	23,46
Meridian	22,00	5,09

17 Führen Sie die Übung 16 noch einmal durch und benutzen Sie jetzt die Angaben viertel, halb, dreiviertel!
Beispiel:
Balt-Orient-Expreß odjíždí z Berlína ve čtvrt na jednu a přijíždí do Prahy v 8 hodin. V Drážďanech je ve 3 hodiny a odjíždí z Drážďan ve 3 hodiny a deset minut.

18 Bilden Sie möglichst viele Fragen und beantworten Sie diese!

Kdy odjíždí nejbližší vlak do . . .
Kdy odjíždí poslední vlak do . . . .
Kdy přijíždí příští vlak z . . . .
Kdy přijíždí poslední vlak z . . . . .

(Lipsko, Bratislava, Děčín, Drážďany, Rostock, Blansko, Tábor, Žilina, Pardubice, Ostrava)

19 Suchen Sie Fahrtstrecken im Fahrplan auf S. 226 und bestimmen Sie Abfahrts- und Ankunftszeiten:

20 Přeložte:

1. Ich bin mir nicht sicher. 2. Ich glaube, daß sich etwas geändert hat. 3. Ich weiß es genau. 4. Ich weiß es nicht genau. 5. Ganz bestimmt. 6. Ich glaube ja. 7. Ich glaube nein. 8. Ich hoffe, daß sich nichts verändert hat.

km	SD OI — Číslo vlaku / Třída		14900		1272	272	378	178	1370	1474	4920	1274	4900	4940	370	176	4902
			2.		1. 2.	1. 2.	1. 2.		1. 2.	1. 2.	2.	1. 2.	2.	2.	1. 2.	1. 2.	2.
278	•Brno hl. n.	odj.	1‖11	...	d: 1.35	e: 1.35	1.39	1.58	y: 2.10	k: 3.11	...	L: 3.27	3.34	x4.06	4.26	x: 5.16	5.20
280	Brno-Židenice						4)						3.38	4.10			5.24
289	Brno-Královo Pole			...	R 1)	R 1)					...		3.47	4.19			5.34
292	Brno-Řečkovice												3.50	4.22			5.37
297	Česká		1.31	...							...		3.55	4.27			5.42
300	Kuřim		1.36										4.00	4.31			5.46
307	Čebín		1.43	...							...		4.06	4.37			5.51
310	Hradčany		1.48										4.10	4.40			5.55
312	Tišnov 25a	příj.	1.51	...							...		4.13	x4.43			5.57
		odj.	1.57										4.17				5.59
318	Dolní Loučky			...							...		4.23	...			6.05
321	•Říkonín												4.27				6.08
326	Nihov [2]			...							...		4.32	...			6.13
332	Vlkov u Tišnova		přes Nové Mě-		přes Českou	přes Českou	Istropolit-	Devín	Transda-	Saxonia		Metropol	4.38		Pannonia	Brněnský	6.18
335	Osová Bitýška			...							...		4.43	...			6.22
338	Ořechov												4.47				6.25
344	Křižanov (3)	příj.		...							...		4.52	...			6.30
	Studenec 25b	příj.															
		odj.	...	...	...	...	...	...	...		...	...	...	...	...	...	X4.31
344	Křižanov (3)	odj.											4.53				6.32
351	Sklené nad Oslavou			...							...		4.59	...			6.39
356	Laštovičky		sto n. M.		Třebovou	Třebovou	an		nubium				5.04			drak	6.43
360	Ostrov nad Oslavou [2]			...							...		5.08	...			6.48
364	Jámy												5.13				6.52
369	Žďár nad Sázavou 25a	příj.	3.42	...							...		5.18	...	5.39		6.57
		odj.	...	...							x4.08		5.20	...	5.42		7.00
373	Hamry nad Sázavou										4.12		5.24				7.04
377	Sázava u Žďáru		...	...							4.16		5.28	...			7.08
382	Nížkov										4.20		5.33				7.13
384	Ronov nad Sázavou		...	...							4.23		5.36	...			7.16
386	Přibyslav										4.33		5.40				7.21
389	Přibyslav zastávka		...	...							4.36		5.44	...			7.24
392	Stříbrné Hory										4.40		5.48				7.28
394	•Pohled		...	...							4.42		5.51	...			7.31
398	Pohledští Dvořáci SD Pr										4.46		5.56				7.35
402	Havlíčkův Brod	příj.	...	...			3.08	3.36	y:	k:	x4.51	L: 5.00	6.01	...	6.07	x:	7.40
	Číslo vlaku / Třída																
402	Havlíčkův Brod	odj.	...	...			3.14	3.51	y: |	k: |	...	L: 5.04	...	...	6.11	x: |	...
465	Kutná Hora hl. n. (viz trať 1, 23)	příj.						5.15	4.47	5.48		6.06			7.13	7.43	
476	Kolín		...	...	d: 4.58	e: 4.58		5.42		k: 6.17	...		...	...	|	|	...
537	Praha střed						5.28								8‖28	x: 8.55	
537	Praha hl. n. (Libeň hor. n.)	příj.	...	...	d: 5.57	e: 5.57		6.42	y: 6.09	...	...	L: 7.12	...	...	...	...	...

1272 Budapest—Štúrovo—Bratislava—Česká Třebová—Praha
1. 2. tř. Budapest—Praha
Split—Praha od 3. VI.

1274 Budapest—Štúrovo—Bratislava—Praha-Libeň—Děčín—Berlin—Rostock
1. tř. Budapest—Praha—Berlin

1370 Burgas—Ruse—Curtici—Budapest Zugló—Bratislava—Praha
Bucuresti—Praha do 10. IX.
Varna—Praha
Burgas—Praha
Varna—Praha

1474 Budapest—Komárno—Bratislava—Děčín—Leipzig
1. tř. Budapest—Leipzig

21 Ordnen Sie die Satzteile grammatisch richtig und sinnvoll:

Víš, že	z kterého nástupiště jede Vindobona?
Nevíš, jestli	z kterého nádraží jezdí Brněnský drak?
Víš,	ten vlak staví v Ústí nad Labem?
Myslíš, že	kam jede Petr s Christianem?
Mohl byste mi říci,	dnes hrají v Národním divadle Prodanou nevěstu?
Nevíš,	je ten vlak povinně místenkový?

Probieren Sie alle Möglichkeiten aus und beantworten Sie die Fragen mit den Antworten aus der Übung 20!

22 Wie sagt man es deutsch?

skříňka na toaletní potřeby	vstupenky na neděli
koš na papír	lístek na Prodanou nevěstu
polička na knihy	lístek na večerní představení
lístek na balkón	kartáč na šaty
místenka na Brněnský drak	krém na boty
místenka na 3. března	věšák na ručníky

23 Kommentieren Sie die Bildserie! →

24 Bilden Sie Gespräche am Fahrkarten- bzw. Platzkartenschalter!

Kaufen Sie
- 2 Fahrkarten und Platzkarten nach Bratislava, hin und zurück, 2. Klasse, für den Mittwoch, den 5. April, Nichtraucher
- 4 Platzkarten nach Dresden, für den Vindobona, 2. Klasse, Nichtraucher, für Montag, den 12. Juni
- 5 Fahrkarten nach Liberec, 2. Klasse

25 Přečtěte:

Zuzana jede na nádraží pro jízdenky a místenky. V pondělí, 10. 1. chtějí jet s Kirsten v poledne Primátorem do Berlína. Primátor jezdí mezi Prahou a Berlínem, vyjíždí z Prahy Hlavního nádraží v 12.32, staví v Holešovicích v 12.41 a přijíždí do Berlína v 18.24. V Berlíně-Lichtenbergu končí. Vlak staví v Ústí nad Labem, Děčíně, Bad Schandau a Drážďanech.

26 Hinterlassen Sie im Namen von Zuzana für Kirsten eine schriftliche Nachricht:
a) daß sie die Fahrkarten und Platzkarten gekauft hat;
b) daß es keine Platzkarten gab.

27 Kommentieren Sie mit Hilfe des Wörterbuchs die Bildserie!

28 Gestalten Sie ein Telefongespräch zwischen Zuzana und Kirsten zum Thema:
- Verabreden der Reise
- Kauf der Fahrkarten
- Ergebnis des Einkaufs.

17

Nabídka dne

29 První železnice v Čechách

První železnicí v Čechách (tehdy část Rakouska-Uherska) byla koňská dráha z Lince do Budějovic, která byla v provozu od roku 1827. První vlak s parní lokomotivou jezdil pravidelně na trati Vídeň – Brno od roku 1839. Do Prahy přijel první vlak z Vídně (Vídeň – Olomouc – Praha) 20. srpna 1845. Po roce 1845 se rychle zřizovala nová spojení. 1849 Praha – Podmokly, 1862 Praha – Zdice – Plzeň, 1872 Smíchov – Hostivice – Žatec, 1872 Praha – Neratovice – Trutnov atd. První česká lokomotiva je z roku 1900, výrobek Českomoravské strojírny v Praze. Dostala jméno „Nazdar“ a brzy se začala vyrábět sériově. Lokomotiva „Nazdar“ (přezdívalo se jí „kafemlejnek“) založila tradici českých a později československých lokomotiv.

Erzählen Sie deutsch, was Sie verstanden haben!

30 . . . . a naše pohádka pokračuje

Děd Vševěd se navečeřel a pak položil svou zlatou hlavu babičce na klín a usnul. Babička mu vytrhla první vlas – vypadal jako zlatá struna. „Co se stalo, matko?“ ptal se Děd Vševěd. „Ale zdál se mi divný sen o jednom městě, vyschla jim studna s živou vodou. Jak by se jim mohlo pomoci?“ „Snadno. Na dně sedí žába, tu musí zabít a studnu vyčistit.“ A Děd Vševěd zase usnul. Babička mu vytrhla druhý zlatý vlas. „Co je zase?“ „Nic, jen se mi zase zdálo něco divného o jiném městě, kde měli jabloň s jablky mládí. Ta už ale dvacet let žádná nenese.“ „Nemůže žádná nést, pod jabloní je had, který jí bere sílu; ať ho zabijí a jabloň přesadí.“ Dědeček už byl mrzutý, ale zase usnul. Babička mu vytrhla třetí vlas. „Copak mne dnes nenecháš spát?“ „Nezlob se, že jsem tě vzbudila. Zdálo se mi o převozníkovi na černém moři; už dvacet let převáží a nikdo ho nejde vystřídat.“ „Ať není tak hloupý, ať dá jinému veslo do ruky a sám vyskočí na břeh. Ale teď mi už dej pokoj, musím brzy ráno vstávat.“
K ránu se probudilo Slunce jako děťátko a vyletělo ven. (pokračování příště, 18. lekce)

31 Prägen Sie sich die Lexik ein:

dostat, IV, v.	erhalten
hledat, I, unv.	suchen
informace, -e f.	Information
jízdní řád, -u m.	Fahrplan
mezinárodní	international
místenka, -y f.	Platzkarte
místenkový	platzkartenpflichtig
bezmístenkový	platzkartenfrei
nástupiště, -ě n.	Bahnsteig
nekuřák, -a m.	Nichtraucher
odjezd, -u m.	Abfahrt
ovšem	natürlich
pravidelný	regelmäßig
příjezd, -u m.	Ankunft
přistoupit III, v.	zusteigen
přistupovat, II, unv.	
rychlík, -u m.	Schnellzug
sám	allein, selbst
situace, -e, f.	Situation
stavit III, unv.	halten
zastavit III, v.	
výhodný	günstig
vyjíždět, III, v.	herausfahren
zařídit III, v.	erledigen, einrichten
zařizovat II, unv.	
zavazadlo, -a n.	Gepäck
změnit se III, v.	sich verändern
měnit se III, unv.	
zůstat, IV, v., zůstanu	bleiben

Prägen Sie sich folgende Wörter und Wendungen ein:

je nutno	es ist notwendig
Nevím jistě.	Ich weiß es nicht
To už neplatí.	Das gilt nicht mehr.
povinný	pflichtig
kuřák/nekuřák	Raucher/Nichtraucher
pracovní dny	Arbeits-, Wochentage
dny pracovního klidu	Sonn- und Feiertage

Příprava na cestu

1 Pavel jede zítra do letního *tábora. Právě* chce *balit batoh*, a proto kontroluje, jestli na nic nezapomněl. Christian mu chce pomoci.

Christian: Dej mi seznam věcí, které potřebuješ a budeme *společně* kontrolovat, jestli všechno máš.

Pavel: Dobře. Tady máš seznam a můžeš začít.

Christian: Bunda, pláštěnka, dlouhé kalhoty, krátké kalhoty, sportovní boty, domácí boty, holínky, trička, košile, svetry, trenýrky, spodní prádlo, pyžamo, ponožky, podkolenky, tepláky, plavky, koupací čepice, ručníky, toaletní potřeby (mýdlo, kartáček na zuby, kelímek, hřeben, zubní pasta, krém na opalování, šampón), baterka, kapesní nůž, tužka, blok, batoh, dopisní papíry, peněženka s kapesným.

Příprava táborového ohně v táboře v Potštejně

Maš všechno?

Nic jsi nezapomněl? Ani to, co se nejčastěji zapomíná?

Pavel: Aha. *Kapesníky* myslíš? Hned je přinesu a budu mít všechno. Děkuji ti. A jídlo a pití na cestu si vezmu zítra ráno.

Christian: Jak dlouho jedete vlakem?

Pavel: Nejedeme vlakem, jedeme autobusem, asi dvě a půl hodiny.

Christian: Kde vůbec ten tábor je?

Pavel: U města Potštejna, to je ve východních Čechách.

Christian: Kde budete *spát*?

Pavel: My kluci spíme ve *stanech* a dívky a malí chlapci spí v v *chatách.*

Christian: Kdy se vrátíš?

Pavel: 8. srpna. Rodiče mají v srpnu *dovolenou*, pojedeme s nimi do jižních Čech.

Christian: Jezdíte vlakem nebo autem?

Pavel: Někdy autem, někdy vlakem nebo autobusem. Podle toho, kam a na jak dlouho jedeme a jestli chceme stanovat anebo bydlet v hotelu nebo podobně. Letos jedeme stanovat, tak pojedeme autem. Bereme s sebou vždycky hodně zavazadel: kufry, tašky, batohy, nafukovací matrace, spací pytle, nádobí, jídlo atd. Pojedeme se stanovým přívěsem.

Christian: Kde je možné u vás stanovat?

Pavel: Jenom v *kempincích.* Ale je jich hodně. Můžu ti půjčit *informační brožurku.*

Christian: Musíte si pobyt objednat předem?

Děkuju za optání, je to tu lepší než v inkubátoru.

Pavel: Ne, nemusíme. Obvykle je všude místo. A když ne, tak můžeme jet na jiný kempink. Musíš mít ale s sebou stan. My stanujeme rádi, místo si můžeme vybrat, je to přímo v přírodě a je to *levnější* než hotel nebo soukromé ubytování. Hotel je o mnoho *dražší.*

Christian: Hotel si ale musíte objednat předem?

Pavel: Je to tak lepší, Když chceš určitý hotel. Kam pojedeš o prázdninách ty?

Christian: Koupili jsme si s rodiči *zájezd* do Vysokých Tater na 14 dní. Už jsme tam byli loni o dovolené. Moji rodiče jezdí velmi rádi do hor.

Pavel: Je to tak lepší, Když enceš určitý hotel. Kam pojedeš o prázdninách ty? bude zase líbit.

Christian: Také už se těšíme. Ale teď už musím jít. Přeji ti hezké prázdniny, Pavle!

Pavel: Děkuji, já tobě také. A hlavně příjemnou dovolenou!

2 Co potřebujeme na cestu?

baterka, -y, f.	Taschenlampe	blok, -u, m.	Block
bota, -y, f.	Schuh	bunda, -y, f.	Jacke
sportovní b.	Sportschuhe	čepice, -e, f.	Mütze
domácí b.	Hausschuhe	koupací č.	Badekappe
dopisní papír	Briefpapier	holínka, -y, f.	Stiefel
hřeben, -u, m.	Kamm	kalhoty, Pl.	Hose
kapesné, -ho, n.	Taschengeld	kapesník, -u, m.	Taschentuch

košile, -e, f. košil	Hemd	kartáček na zuby	Zahnbürste
kelímek, kelímku, m.	Becher	krém na opalování	Sonnenschutzcreme
matrace, -e, f.	Matraze		
nafukovací m.	Luftmatratze	mýdlo, a-, n.	Seife
nůž, nože, m.	Messer	nádobí, -í, n.	Geschirr
kapesní n.	Taschenmesser	peněženka, y, f.	Geldbörse
pláštěnka, -y, f.	Regenmantel	plavky, plavek Pl.	Badehose, -anzug
podkolenka, -y, f.	Kniestrumpf		
ponožka, -y, f.	Socke	prádlo, -a, n.	Wäsche
		spodní p.	Unterwäsche
přívěs, -u, m.	Hänger	pytel, pytle, m.	Sack
		spací p.	Schlafsack
pyžamo, -a, n.	Schlafanzug	ručník, -u, m.	Handtuch
svetr, -u, m.	Pullover	šampón, -u, m.	Haarwäsche
tepláky, tepláků, Pl.	Trainingsanzug	trenýrky, trenýrek, Pl.	Turnhose
tričko, -a, n.	Nicki	zubní pasta, f.	Zahncreme

Co musíme vědět i umět

3 Na dovolené nebo o dovolené?

Kde	jste byli? Wo waren Sie?	Byli jsme **na** dovolené **(Präp.)**
	Kde jste byli v srpnu?	Byli jsme na prázdninách v Čechách.
Kam	pojedete? **Wo** fahren Sie **hin**?	Pojedeme **na** dovolenou **(Akk.)**
	Kam pojedete v září?	V září pojedeme na dovolenou.
		Pojedeme na dovolenou do Beskyd.
Kdy	jste byli v Potštejně? **Wann** waren Sie in Potštejn?	V Potštejně jsme byli **o** dovolené **(Präp.)**
	Kdy byl Pavel v Potštejně?	Pavel byl v Potštejně o prázdninách.
	Kdy jste byli na Sněžce?	Na Sněžce jsme byli v létě o dovolené.

4 Jídlo a pití na cestu si vezmu zítra.

Die Verben *vzít (si)* und *brát (si)*, beide gehören dem IV. Konjugationstyp an, *bilden ein Aspektpaar:*
Vezmeš (v.) si do tábora knihu? *Vezmu*, vždycky si s sebou *beru* (unv.) knihu.

vzít (si)		
	s sebou	mitnehmen
brát (si)		

Přečtěte a přeložte:

1. Vzal sis kapesníky? Ne, ale právě si je beru.
2. Vezmeš Pavla s sebou do kina? Beru ho s sebou vždycky rád, ale dnes nemůžu, jdeme se třídou a máme málo lístků.
3. Bereš si na cestu batoh nebo kufr? Dříve jsem si bral raději batoh, ale teď si beru kufr.
4. Vezmi si ještě dva knedlíky! Už si nemůžu vzít ani jeden, už jsem jich snědl deset.
5. Co dělá Pavel? Právě si bere tašku a chce jít do školy.

5 Nemusíš si pobyt v kempinku objednat. Je jich hodně.

Ein Pronomen, das einen gezählten Gegenstand vertritt, steht ebenfalls im Genitiv:

Kempinků je hodně.	Je *jich* hodně.
Kolik *žáků* je ve třídě?	Kolik *jich* je?
Máš dost *čaje*?	Máš *ho* dost?
Máš hodně *limonády*?	Mám *jí* málo.

Přečtěte a přeložte:

1. Karel Poláček napsal knihu: Bylo nás pět. 2. Chtěl bych si všechno prohlédnout, ale je toho tolik! 3. Máte ještě mléko? Máme ho ještě dost. 4. Kolik máš s sebou kapesníků? Mám jich dvanáct. 5. Máte ve vašem městě hodně hřišť? Ne, máme jich málo.

Ukažte, co umíte!

6 Übersetzen Sie folgende Fragen und beantworten sie:
Wohin fährt Pavel? Ist das Ferienlager in Nordböhmen? Was nimmt Pavel alles mit? Mit welchem Verkehrsmittel fährt Pavel mit den Eltern in Urlaub? Wo wird die Familie Horák im Urlaub wohnen? Fährt in diesem Jahr Christian ins Riesengebirge? Ist eine Unterkunft im Hotel billiger als auf dem Campingplatz? Wie lange bleibt Christian in den Beskiden?

7 Ordnen Sie passende Satzteile zueinander:

Pavel si balí věci,	jestli jsem na nic nezapomněl.
Letos jedeme do jižních Čech,	máme vždycky hodně zavazadel.
Když jedeme stanovat,	nebo nemusím?
Někdy jezdíme vlakem,	které chce vzít s sebou.
Budu kontrolovat,	jestli je u toho města kempink.
Musím pobyt v kempinku objednat předem,	a budeme tam stanovat.
Podívám se,	a někdy autem.

8 Beantworten Sie:

Kdy máte prázdniny /dovolenou? Kam jedete na dovolenou? Jezdíte na dovolenou v srpnu? Bydlíte rádi v hotelu? Stanujete rádi? Byli jste už někdy na dovolené v kempinku? Co potřebujeme ke stanování?

9 Přeložte:
Ich möchte meinen Urlaub im Riesengebirge verbringen. Entweder fahre ich mit einem Reisebüro oder bestelle mir eine private Unterkunft oder werde auf einem Campingplatz zelten.

10 Sagen Sie, was Sie für eine Reise benötigen. Nutzen Sie dazu auch die fakultative Lexik.

11 Sie fahren für eine Woche nach Prag. Stellen Sie anhand der fakultativen Lexik schriftlich eine Liste der Sachen zusammen, die Sie mitnehmen!

12 Zahrajeme si:

Jedu na dovolenou a vezmu si s sebou .....
Jeder Spieler muß etwas vom Reisebedarf nennen, jeder weitere muß bereits Genanntes wiederholen und etwas hinzufügen.

13 Erzählen Sie über Ihre Reisepläne in den diesjährigen Sommerferien!

Opakování je matka moudrosti

14 Können Sie den Text des Bildes richtig aussprechen?

15 Přeložte:

Přejeme Vám všechno nejlepší k narozeninám.
Přeji Ti hodně zdraví.
Srdečné blahopřání k narozeninám.
Přeji Ti hodně štěstí a úspěchů.

16 Váš přítel slaví v sobotu narozeniny. Pozval Vás, ale Vy nemůžete přijít. Napište mu tuto zprávu a blahopřání.

17 Sagen Sie, was Sie alles der abgebildeten Eintrittskarte entnehmen können!

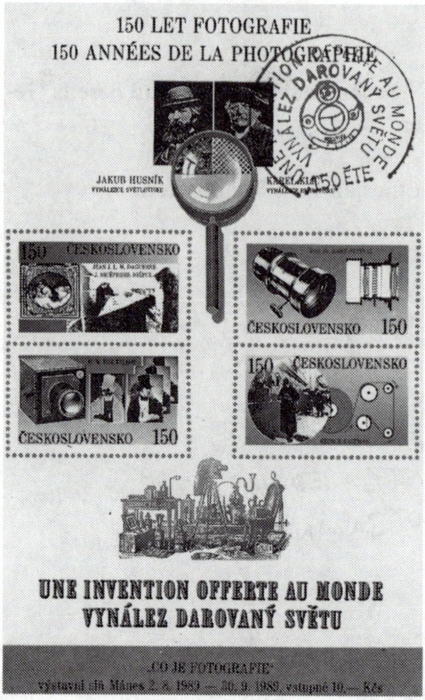

18 Přečtěte a přeložte:

O dovolené nám často pršelo. Žáci mají mít s sebou kapesné. Zeptejte se paní pokladní, jestli má drobné. Kam pojedete na dovolenou? Pojedeme na Hlubokou. Byl ve Slaném.

19 Die substantivierten Adjektive werden oft in Redewendungen benutzt:

Přečtěte:
Na shledanou! Dostal za vyučenou. (Er mußte Lehrgeld zahlen).
Jdete jako na zavolanou! (Sie kommen wie gerufen).
Šel na zkušenou. (Er zog aus, um die Welt kennenzulernen).
Odešel s nepořízenou. (Er ist unverrichteter Dinge weggegangen).

Versuchen Sie, diese Redewendungen in kurzen Texten zu verwenden:

M s. S. 239

20 Odpovězte:

Kde jsou Karlovy Vary? Kde jsou České Budějovice? Kde je Havlíčkův Brod? Kde je Liberec? Je hora Sněžka v Krkonoších nebo v Beskydech? Kde pramení

Já ti dám „na zkušenou"! Koukej mazat do školy!

Labe? Kde je Šumava? Kde je Praha? Kde pramení Vltava? Kde je hranice s Německem? Kde je hranice s Polskem?

[M] Karlovy Vary jsou v západních Čechách.

21 Doplňte předpony, přečtěte a přeložte:

– Chtěli bychom jet na Karlštejn. Jak se tam dostaneme?
– .... jedete metrem na Smíchovské nádraží. Tam ... stoupíte a .... stoupíte na vlak. .... jedete vlakem směr Zdice. Cesta trvá asi 3/4 hodiny. Pak ale musíte jít na hrad ještě kus cesty pěšky.

– Aleno, ... jdi prosím tě pro mléko a housky!
– Kolik housek mám koupit?
– Deset housek. A prosím tě, ... plať stokorunou, potřebuji drobné.

– Co děláš, Pavle?
– Píšu dopis Matthiasovi. Píšu mu, aby k nám brzy .... jel.
– Až to ... píšeš, tak sem přijď, potřebuji něco .... počítat. Mohl bys mi pomoci.
– Až to ... píšu, tak hned ... jdu.

22 Bilden Sie richtige Formen:

1. Do (škola) chodím pěšky, na (trénink) jezdím (autobus) nebo na (kolo). Někdy jedu také s (tatínek) (auto).
2. Musím poslat telegram do (Berlín), půjdeš se (já) na (pošta)?

Půjdu rád, ale musíš na (já) počkat. Vezmu s sebou dopis pro (Lucie). Chci si koupit také několik (známka). Právě vyšly nové (série).

23 Ergänzen Sie passende Steigerungsformen von rychlý, dobrý, rychle, dobře!

Víš, kdo byl dnes na tréninku .....?
Nevím.
Jirka. Byl dnes daleko ..... než Mirek, a ten je z nás ......
A jak jsi jezdil ty?
Šlo mi to ..... než ve čtvrtek, byl jsem o 3 minuty ....

24 Ordnen Sie die Wörter zu Sätzen so, daß ein zusammenhängender Text entsteht:

Poláček, knihu, český, nás, napsal, pět, známý, Karel, humoristický, bylo, spisovatel;
kniha, je, to, o, chlapec, malého, ve, města, z, které, o, vypráví, rodině, kamarádech, o, tom, malý, on, jak, žák, svět, vidí, desetiletý, život, a.

Nabídka dne

25 Zazpíváme si:

Holka modrooká

Holka modrooká, nesedávej u potoka
holka modrooká, nesedávej tam.

V potoce je velká voda, vezme-li tě, bude škoda
holka modrooká, nesedávej tam.

Holka modrooká, nesedávej u potoka,
holka modrooká, nesedávej tam.
V potoce se voda točí, podemele tvoje oči
holka modrooká, nesedávej tam.

26 Zámek Hluboká

Nedaleko od Českých Budějovic, na řece Vltavě, je městečko Hluboká. Když jdeme alejí okolo rybníka Bezdrevu, přijdeme brzy k zámku Hluboká, jednomu z nejkrásnějších zámků v Čechách. Po dlouhou dobu patřil rodu Schwarzen-

berků. Dnešní podoba zámku, ovlivněná romantickou anglickou gotikou, tzv. windsorským stylem, pochází z 19. století. U zámku je překrásný park. V zámku jsou vzácné sbírky obrazů, porcelánu, skla, zbraní a dalších prací uměleckých řemesel. Mezi nejcennější patří soubor bruselských gobelínů ze 17. století se scénami, ilustrujícími lidová přísloví. V bývalé zámecké jízdárně je Alšova jihočeská galerie.

27 . . . a naše pohádka končí:

K ránu se probudilo Slunce jako děťátko a vyletělo ven. Babička řekla Plaváčkovi: „Tady máš tři zlaté vlasy, co Děd Vševěd odpověděl na ty tři otázky, už taky víš. Teď už se nemusíš ničeho bát.“

Plaváček poděkoval a šel. Ve městě, kde měli vyschlou studnu, vyřídil radu Děda Vševěda a studna skutečně zase měla živou vodu. Král dal za to Plaváčkovi dvanáct bílých koní a zlato, stříbro a drahé kameny. V druhém městě také jabloň hned rozkvetla, když hada zabili a přesadili ji. Plaváček dostal dvanáct černých koní a zlato a stříbro.

U černého moře už čekal převozník. „Tak, co ses dověděl?“ „Řeknu ti to, ale nejdříve mne převez!“ „Když byl Plaváček a jeho čtyřiadvacet koní zase na břehu, řekl: „Až zase budeš někoho převažet, dej mu veslo do ruky a vyskoč na břeh a on bude místo tebe převozníkem.“
Král nechtěl věřit svým očím, když mu Plaváček přinesl tři zlaté vlasy Děda Vševěda. A obdivoval krásné koně a bohatství. Plaváček vyprávěl, za co to všechno dostal. Když král slyšel o jablkách mládí a živé vodě, hned se vydal na cestu do těch měst. Ještě se nevrátil, asi ještě pořád převáží přes černé moře.

Versuchen Sie, das ganze Märchen zu erzählen!

A nakonec ještě: dva obrázky od Jiránka!

VOLÁ MATKA PŘÍRODA. JSME DOMA?

VÁŽENÍ POSLUCHAČI. STOJÍME UPROSTŘED HLUBOKÉHO LESA A PŘEMÝŠLÍME.

28 Prägen Sie sich die Lexik ein!

dívka, -y, f.	Mädchen
drahý	teuer
chata, -y, f.	Bungalow
informační brožurka	Informationsheft
kempink, -u, m.	Campingplatz
kluk, -a, m.	Junge
kus, -u m.	Stück
levný	billig
předem	vorher
výstava, -y, f.	Ausstellung
spát, III	schlafen
společně	zusammen
stan, -u m.	Zelt
stanovat, II	zelten
tábor, -a m.	Lager, Ferienlager
ubytování, -í, n.	Unterkunft
soukromé ubytování	Privatunterkunft
zájezd, -u m.	Exkursion, Reise
jet na prázdniny	in die Ferien fahren
jezdit na dovolenou	in Urlaub fahren
zpráva, -y, f.	Nachricht
podle toho	je nachdem, es kommt darauf an
Přeji vám příjemnou dovolenou!	Ich wünsche Ihnen einen angenehmen Urlaub!

Zur Sprachlehre

Druckschrift	Schreibschrift	Benennung	Druckschrift	Schreibschrift	Benennung
A a	A a	a krátké (kurzes a)	O o	O o	o krátké (kurzes o)
Á á	Á á	a dlouhé (langes a)	Ó ó	Ó ó	o dlouhé (langes o)
B b	B b	bé	P p	P p	pé
C c	C c	cé	Q q	Q q	kvé
Č č	Č č	čé	R r	R r	er
D d	D d	dé tvrdé (hartes d)	Ř ř	Ř ř	eř
Ď ď	Ď ď	dě měkké (weiches d)	S s	S s	es
E e	E e	e krátké (kurzes e)	Š š	Š š	eš
É é	É é	e dlouhé (langes e)	T t	T t	té tvrdé (hartes t)
ě	ě	je	Ť ť	Ť ť	tě měkké (weiches t)
F f	F f	ef	U u	U u	u krátké (kurzes u)
G g	G g	gé	Ú ú	Ú ú	u dlouhé (langes u)
H h	H h	há	ů	ů	u kroužkované (u mit Ringel)
Ch ch	Ch ch	chá	V v	V v	vé
I i	I i	i měkké krátké (kurzes weiches i)	W w	W w	vé dvojité (Doppel-V)
Í í	Í í	i měkké dlouhé (langes weiches i)	X x	X x	iks
J j	J j	jé	Y y	Y y	y tvrdé krátké (kurzes hartes y)
K k	K k	ká	Ý ý	Ý ý	y tvrdé dlouhé (langes hartes y)
L l	L l	el			
M m	M m	em	Z z	Z z	zet
N n	N n	en	Ž ž	Ž ž	žet
Ň ň	Ň ň	eň			

Zur Betonung

2 Im Tschechischen liegt die Betonung grundsätzlich auf der ersten Silbe des Wortes.
Betonte Vokale sind nicht länger zu sprechen als unbetonte!

Die Vokale

3 Das Tschechische besitzt fünf kurze und fünf lange Vokale, die durch vierzehn Vokalbuchstaben wiedergegeben werden:
i, í, y, ý / e, é, ě / u, ú, ů / o, ó, / a, á

4 Der Schrägstrich (čárka) über dem Vokal bezeichnet seine Länge; bei u bezeichnet auch ˚ (kroužek) die Länge. Unbezeichnete Vokale sind kurz. ´ ist nicht Betonungszeichen!

5 Die Länge oder Kürze des Vokals kann die Bedeutung eines Wortes verändern (wie im Deutschen: Kamm – kam). Deshalb ist sie in Schrift und Sprache stets genau zu beachten.
Vergleichen Sie:
dal (er gab) – dál (weiter)

6 Unbetonte Vokale unterliegen im Tschechischen nicht der Reduktion; ihre Aussprache ändert sich weder quantitativ noch qualitativ!

Die Diphthonge

7 Im Tschechischen gibt es drei Diphthonge, und zwar
-ou-, -au-, -eu-
Bei der Aussprache der Diphthonge geht der klar zu artikulierende erste Vokal in ein -u über, z. B.:

-ou-:	louka, jsou, na shledanou, houska
-au-:	auto, autor, restaurace
-eu-:	pneumatika, neurolog

Die Konsonanten

8 Stimmlose und stimmhafte Konsonanten

Im Tschechischen unterscheidet man stimmlose (ohne Stimmton) und stimmhafte (mit Stimmton) Konsonanten.

9	stimmlos	f p t ť s š k ch c č ř
10	stimmhaft	v b d ď z ž g h c č ř
11	immer stimmhaft	l r m n ň j

Die Konsonanten c, č und ř können sowohl stimmlos als auch stimmhaft gesprochen werden, d. h. ts bzw. dz, tš bzw. dž, rš bzw. rž.

Silbenbildende Konsonanten

14 Die immer stimmhaften Konsonanten r und l können silbenbildend sein, z. B.:

r:	bratr	(Bruder)	sprich	bra-tr
	mistr	(Meister)		mis-tr
l:	Plzeň	(Pilsen)		Pl-zeň
	Vltava	(Moldau)		Vl-ta-va

Zum Lautwechsel

15 Der Konsonantenwechsel

Es wechseln folgende Konsonanten:

a)	k	mit	č bzw. c:	plakat	– pláču	
				babička	– babičce	
	h (g)	mit	ž bzw. z:	Praha	– pražský	– v Praze
	ch	mit	š:	hoch	– hoši	– o hoších
b)	t	mit	ť:	stát	– ve státě	
	d	mit	ď:	kamarád	– kamarádi	
	n	mit	ň:	hodina	– po hodině	
c)	s	mit	š:	psát	– píšu	
	z	mit	ž:	ukázat	– ukážu	
	c	mit	č:	otec	– otče!	
d)	r	mit	ř:	bratr	– bratři	

Das „flüchtige" -e-

16 Das im Nominativ Singular der Substantive vor dem auslautenden Konsonanten stehende -e- fällt häufig in den übrigen Kasus des Singulars und des Plurals aus, z. B.:

otec	(Vater):	otce, otci ...
tatínek	(Vati):	tatínka, tatínkovi ...
zámek	(Schloß):	zámku, zámcích

17 Stehen im Stammauslaut eines Femininums bzw. Neutrums zwei oder mehrere Konsonanten, so wird im endungslosen Genitiv Plural häufig ein „flüchtiges" -e- eingeschoben, z. B.:

matka	(Mutter):	matky, matek, matkám, ...
sestra	(Schwester):	sestry, sester, sestrám, ...
okno	(Fenster):	okna, oken, oknům, ...
mužstvo	(Mannschaft):	mužstva, mužstev, mužstvům, ...

18 Bei der Beugung treten manchmal noch weitere Vokalveränderungen im Stamm auf, so z. B.:

– die Kürzung des Vokals: píšu – piš!
psát – psal
krátký – kratší
– die Veränderung -ou- zu -u-: zapomenout – zapomenu
koupit – kup!
– die Veränderung -ů- zu -o-: stůl – stolu
dům – domu

Es gibt auch einzelne Ausnahmen, wie z. B.:
N., A. devět – G., D., P., I., devíti
N. Sg. přítel – Pl. přátelé

Zur Orthographie

Zur Groß- und Kleinschreibung

19 Im Tschechischen werden Substantive mit kleinem Anfangsbuchstaben geschrieben.

20 Mit großem Anfangsbuchstaben werden geschrieben:
– der Satzanfang,
– Eigennamen,
– Personal- und Possessivpronomen der 2. Person in Briefen,
– aus Einzelbuchstaben bestehende Abkürzungen.

21 In zusammengesetzten Eigennamen wird gewöhnlich nur das erste Wort mit großem Anfangsbuchstaben geschrieben, z. B.:
Českomoravská vrchovina

Braniborská brána
Černá hora

Bei Ortsnamen schreibt man dagegen alle Bestandteile (mit Ausnahme von Präpositionen) mit großen Anfangsbuchstaben, z. B.:

Nové Město	Staré Město	Malá Strana
Pec pod Sněžkou	Chodov u Prahy	Nové Město nad Metují

Die Substantive ulice (Straße), náměstí (Platz), most (Brücke) schreibt man mit kleinem Anfangsbuchstaben, z. B.:

ulice Boženy Němcové	náměstí Míru	most Svobody
Husova ulice	Václavské náměstí	Karlův most

Harte, weiche und mittlere Konsonanten

22	harte Konsonanten	h ch k r n d t
23	weiche Konsonanten	ž š č c ř ň ď ť j
24	hartweiche Konsonanten	b f l m p s v z

Nach den hartweichen Konsonanten schreibt man in ursprünglich tschechischen Wörtern in sog. ausgewählten Wörtern -y, sonst -i.

Zu den ausgewählten Wörtern gehören z. B.:

nach b: být, bydlit, obyvatel, byt
l: lyže
m: my, mýt, myslit
s: syn, sýr
v: Präfix vy-, vy, vysoký
z: brzy, jazyk

In den Fremdwörtern folgt man in der Regel der Originalschreibweise.

Zur Flexion

25 Die Deklination

1. Die Deklination des Substantivs

– Deklination harter Substantive

Singular:	Maskulinum belebt	Maskulinum unbelebt	Neutrum	Femininum
N.	pán	hrad	město	žena
G.	pána	hradu, lesa	města	ženy
D.	pánu, pánovi	hradu	městu	ženě
A.	pána	hrad	město	ženu
V.	pane, hochu!	–	–	ženo!
P.	o pánu, pánovi	hradě, vlaku	městě, středisku	ženě
I.	pánem	hradem	městem	ženou

Plural:				
N.	páni, hoši, žáci	hrady, zámky	města	ženy
G.	pánů	hradů	měst, středisek	žen, učitelek
D.	pánům	hradům	městům	ženám
A.	pány	hrady	města	ženy
V.		= Nom.		
P.	pánech, hoších, žácích	hradech, zámcích	městech, střediskách	ženách
I.	pány	hrady	městy	ženami

– *Deklination weicher Substantive*

Singular:	Maskulinum belebt	unbelebt	Neutrum	Femininum		
N.	muž	pokoj	moře	růže	píseň	radost
G.	muže	pokoje	moře	růže	písně	radosti
D.	muži, -ovi	pokoji	moři	růži	písni	radosti
A.	muže		= Nominativ			
V.	muži!	pokoji!	moře!	růže!	písni!	radosti!
P.	o muži	pokoji	moři	růži	písni	radosti
I.	mužem	pokojem	mořem	růží	písní	radostí

Plural:						
N.	muži, učitelé	pokoje	moře	růže	písně	radosti
G.	mužů	pokojů	moří	růží	písní	radostí
D.	mužům	pokojům	mořím	růžím	písním	radostem
A.	muže		= Nominativ			
V.			= Nominativ			
P.	o mužích	pokojích	mořích	růžích	písních	radostech
I.	muži	pokoji	moři	růžemi	písněmi	radostmi

– *Deklination der Neutra mit -í Auslaut* (vorwiegend verbale Substantive)

	Singular:	Plural
N.	povolání	povolání
G.	= Nom.	= Nom.
D.	= Nom.	povoláním
A.	= Nom.	= Nom.
V.	= Nom.	= Nom.
P.	= Nom.	o povoláních
I.	povoláním	povoláními

2) Die Deklination der Adjektive und Pronomen

– Deklination der Adjektive und der Pronomen můj, náš, ten, on

Singular: Maskulinum und Neutrum

N.	mladý, mladé	jarní, jarní	můj, moje	náš, naše	on, ono	ten, to
G.	mladého	jarního	mého	našeho	jeho	toho
D.	mladému	jarnímu	mému	našemu	jemu	tomu
A.	mladého	(Mask. bel.), alle anderen = Nom.			jeho	toho
		Mask. belebt = Genitiv, sonst = Nom.				
V.			= Nom.			
P.	mladém	jarním	mém	našem	o něm	tom
I.	mladým	jarním	mým	naším	jím	tím

		Femininum				
N.	mladá	moje	ta	jarní	naše	ona
G.	mladé	mé	té	jarní	naší	jí
D.	mladé	mé	té	jarní	naší	jí
A.	mladou	mou	tu	jarní	naši	ji
V.		= Nom.				
P.	mladé	mé	té	jarní	naší	o ní
I.	mladou	mou	tou	jarní	naší	jí

Plural:

	m. bel.	m. unbel. f.	n.	m. bel.	m. un-bel. f.	m. bel.	m. un-bel. f.	n.	m. bel.	m. un-bel. f.	n.
N.	mladí	mladé jarní	mladá	moji naši	moje naše	ti	ty	ta	oni	ony	ona
G.		mladých jarních		mých našich			těch			jich	
D.		mladým jarním		našim mým			těm			jim	
A.	mladé	jarní	mladá	moje naše		ty	ty	ta		je	
V.			= Nom.								
P.		mladých jarních		mých našich			těch			(o) nich	
I.		mladými jarními		mými našimi			těmi			jimi	

Die Possessivpronomen *tvůj* und *váš* werden wie *můj* und *náš* dekliniert. Die von Adjektiven abgeleiteten Substantive (vrchní, dovolená) werden wie die Adjektive dekliniert.

– *Deklination der Personalpronomen já, ty, my, vy:*

N.	já	ty	my	vy
G.	mne, mě	tebe, tě	nás	vás
D.	mně, mi	tobě, ti	nám	vám
A.	mne, mě	tebe, tě	nás	vás
P.	o mně	o tobě	o nás	o vás
I.	mnou	tebou	námi	vámi

– *Deklination der Interrogativpronomen kdo, co*

N.	kdo	co
G.	koho	čeho
D.	komu	čemu
A.	koho	co
P.	o kom	o čem
I.	kým	čím

3) Die Deklination der Numeralia

Deklination der Grundzahlwörter:
jeden, jedna, jedno wird wie das Pronomen *ten, ta, to* dekliniert; *dva, dvě, dvě* hat eine eigene Deklination:

N.	dva, dvě, dvě
G.	dvou
D.	dvěma
A.	= Nom.
P.	o dvou
I.	dvěma

tři und *čtyři* werden wie *radost* dekliniert:

N.	tři	čtyři	radosti
G.	tří	čtyř	radostí
D.	třem	čtyřem	radostem
A.	tři	čtyři	radosti
P.	třech	čtyřech	radostech
I.	třemi	čtyřmi	radostmi

pět . . . devadesát devět haben im G., D., P. und I. die Form -i *(pěti)*, sonst die Grundform pěti, šedesáti osmi, sedmnácti . . .

Die Ordnungszahlwörter werden wie die Adjektive dekliniert.

26 Die Steigerung der Adjektive und Adverbien

Adjektiv			Adverb		
Positiv	Komparativ -ší, ější/ejší, -í	Superlativ nej + Komp.	Positiv	Komparativ -ěj, -eji	Superlativ nej + Komp.
mladý	mladší	nejmladší	snadno	snadněji	nejsnadněji
hezký	hezčí	nejhezčí	rychle	rychleji	nejrychleji
krásný	krásnější	nejkrásnější	pozdě	později	nejpozději
pomalý	pomalejší	nejpomalejší	pomalu	pomaleji	nejpomaleji

Veränderungen im Stamm bzw. suppletive Formen treten bei der Steigerung z. B. bei folgenden Adjektiven auf:

dobrý	lepší
zlý	horší
špatný	horší
velký	větší
malý	menší
dlouhý	delší

27 Die Konjugation der Verben

Nach den Personalendungen im Präsens lassen sich die meisten Verben in 4 Konjugationsklassen einteilen, wobei die Klassen I und II die produktivsten sind.

		I	II	III	IV
Sg.	1.	-ám	-i	-ím	-u
	2.	-áš	-eš	-íš	-eš
	3.	-á	-e	-í	-e
Pl.	1.	-áme	-eme	-íme	-eme
	2.	-áte	-ete	-íte	-ete
	3.	-ají	-ují	-í, -ejí/ějí	-ou

Im Konjugationssystem zeigen sich gegenwärtig folgende Tendenzen:
- der Gebrauch der Endungen -u (1. Pers. Sg.) und -ou (3. Pers. Pl.) auch beim II. Konjugationstyp;
- der einheitliche Gebrauch der Endung -í (3. Pers. Pl.) beim Konjugationstyp III.

Bei den zusammengesetzten Verbformen (Präteritum, Futur imperfektiver Verben, Konditional) werden unterschiedliche Formen des Verbs být verwendet: im Präteritum die Präsensform des Verbs být (ohne 3. Pers. Sg. und Pl.) (+ l-Partizip des Vollverbs);
im Futur imperfektiver Verben die Futurform (+ Infinitiv des Vollverbs);
im Konditional die Konditionalform (+ l-Partizip des Vollverbs).

		Präsensform	Futurform	Konditionalform
Sg.	1.	jsem	budu	bych
	2.	jsi	budeš	bys
	3.	je	bude	by
Pl.	1.	jsme	budeme	bychom
	2.	jste	budete	byste
	3.	jsou	budou	by

Das l-Partizip wird vom Infinitiv gebildet:
děla + t   děla + l

Das l-Partizip kongruiert mit dem Subjekt des Satzes im Genus und Numerus: Petr psal.
Petra psala.
Žáci psali.

Der Imperativ hat zwei Endungsvarianten:

1) 0, -me, -te (wenn vor der Endung der 3. Pers. Pl. 1 Konsonant steht),
2) -i, -eme/-ěme, -ete/-ěte (wenn vor der Endung der 3. Person Pl. zwei oder mehrere Konsonanten stehen).

Beispiele:	Infinitiv	Präsensform	Imperativ	l-Partizip
I	dělat	dělám ... dělají	dělej!	dělal
II	jmenovat/se/	jmenuji se ... jmenují se	jmenuj!	jmenoval se
	žít	žiji ... žijí	žij!	žil
	mýt se	myji se ... myjí se	myj se!	myl se
III	bydlet	bydlím ... bydlí	bydli!	bydlel
	myslet	myslím ... myslí	mysli!	myslel
	rozumět	rozumím ... rozumí	rozuměj!	rozuměl
	spát	spím ... spí	spi!	spal
	stát	stojím ... stojí	stůj!	stál
unregelmäßige Verben:				
	chtít	chci ... chtějí	chtěj!	chtěl
	mít	mám ... mají	měj!	měl

28 Zum Gebrauch wichtiger Präpositionen

Zur Ortsbestimmung

deutsch	tschechische Entsprechung	Frage	Kasus	Beispiele
auf	na	1. wo?	Präp.	Oběd stojí na stole.
		2. wohin?	Akk.	Maminka dala oběd na stůl.
aus	z/e/	woher?	Gen.	Martin přišel z města.
bei	u	wo?	Gen.	Byl jsem u bratra na návštěvě.
durch	po	wo?	Präp.	Chodili jsme po ulicích Prahy.
hinter	za	1. wo?	Instr.	Za domem je velká zahrada.
		2. wohin?	Akk.	Maminka šla za dům.
in	1. v/e/	wo?	Präp.	Kniha je ve skříni.
	2. do	wohin?	Gen.	Dal knihu do skříně.
nach	do	wohin?	Gen.	Autobus jede do Brna.
neben	vedle	1. wo?	Gen.	Nádraží je vedle pošty.
		2. wohin?	Gen.	Sedni si vedle mne!
unter	pod	1. wo?	Instr.	Taška je pod lavicí.
		2. wohin?	Akk.	Žák dal tašku pod lavici.
über /entlang/	po	wo?	Präp.	Šel jsem po novém mostě.
von /herunter/	s/e/	woher?	Gen.	Tužka spadla se stolu na zem.
vor	před/e/	1. wo?	Instr.	Čekal jsem na tebe před kinem.
		2. wohin?	Akk.	Přijď v osm hodin před kino!
zu	k/e/	wohin?	Dat.	Zítra pojedu k sestře.

zwischen	mezi	1. wo?	Instr.	Mezi námi sedí Irena.
		2. wohin?	Akk.	Sedni si mezi nás!

Zur Zeitbestimmung

am	v/e/	wann?	Akk.	Přijedu k vám v sobotu.
bis	do	wie lange?	Gen.	Zůstanu u vás do soboty.
in	v/e/	wann?	Präp.	V létě pojedu k moři.
nach	po	wann?	Präp.	Po práci jsme hráli volejbal.
seit	od	seit wann?	Gen.	Pracuji v tomto závodě od roku 1985.
um ... /Uhr/	v/e/	wann?	Akk.	Bratr přijde v pět hodin domů.
von ... /bis/	od ... /do/	seit wann?	Gen.	Zůstanu u tebe od středy do neděle.
vor	před/e/	wann?	Instr.	Doktor přišel před hodinou.
während	1. při	wann?	Präp.	Při vyučování jsme mluvili o Lipsku.
	2. za		Gen.	Kde jste byl za války?
	3. /po/		Akk.	/Po/ celý den pršelo.
	4. o		Präp.	O prázdninách pojedeme k moři.
zwischen	mezi	wann?	Instr.	Přijďte mezi desátou a jedenáctou /hodinou/!

Deutsch-tschechisches Wörterverzeichnis

Das Wörterverzeichnis enthält den produktiv anzueignenden Lernwortschatz des Lehrbuches.
Die arabischen Ziffern verweisen auf die Stoffeinheit, in der das Wort zum erstenmal auftritt.
Die römischen Ziffern bezeichnen den Konjugationstyp der Verben.
Bei den Verben werden bei Aspektpaaren beide Aspektformen – vollendete und unvollendete Form – angeführt.
Bei den Substantiven ist immer der Genitiv angegeben.
Zu den Abkürzungen siehe S. 7.
Zusätzliche Wortschatzangebote sind im Lehrbuch auf folgenden Seiten enthalten:
Berufe (S. 50)
Einkauf (S. 106)
Post (S. 195)
Reisebedarf (S. 233)
Sport (S. 208)
Unterrichtsfächer (S. 120)
Verkehrsmittel (S. 72)
Verwandtschaftsbezeichnungen
(S. 20)

A

Abend večer, -a, m. (2)
am Abend, abends večer
Abendbrot večeře, -e, f. (12)
aber ale (4)
Abfahrt odjezd, -u, m. (17)
abgeben odevzdat, I, v.; odevzdávat, I, unv. (4)
Abitur machen maturóvat, II (15)
ablegen odložit, III, v. (3)
Leg(en Sie) ab! Odlož(te)si! (3)
Achse osa, -y, (7)
Achtung pozor, -u, m. (8)
achtgeben dávat pozor (8)
allein sám (17)
alles všechno (5)
als 1. když; als ich noch jung war když jsem byl ještě mladý; 2. než (13); jünger als ich mladší než já
also tedy (11)
alt starý (13)
am 1. u + G. (2); ich stehe am Fenster stojím u okna; 2. v + A. (13); am Freitag v pátek
an 1. na + P.; 2. u + G.
anbieten nabídnout, IV, v.; nabízet, III, unv. (3)
anders lang jinudy (10); ich glaube, sie sind woanders langgegangen myslím, že šli jinudy
ankommen (mit einem Fahrzeug) přijet, IV, přijedu . . . přijedou; přijíždět, III, unv. (17); (zu Fuß) přijít, IV, přijdu . . . přijdou, v. (9)
Ankunft příjezd, -u, m. (17)
ansehen (sich etwas) 1. podívat (se na něco), I, v.; dívat (se na něco), I, unv. (4); wir schauen uns das Kinoprogramm an podíváme se na programy kin; 2. prohlédnout si něco, IV, v.; prohlížet si něco, III, unv. (7); wir sehen uns Prag an prohlédneme si Prahu
Ansichtskarte pohlednice, -e, f. (15)
antworten odpovědět, odpovím . . . odpovědí, v.; odpovídat, I, unv. (9); ich antworte Dir auf Deine Fragen odpovím Ti na Tvé otázky
Apfel jablko, -a, n. (8)
Appetit chuť, -i, f. (3)
Guten Appetit! Dobrou chuť!
Arbeit práce, -e, f. (12)
arbeiten pracovat, II, unv. (2)
Arbeitsgemeinschaft zájmový kroužek (13)
Art druh, -u, m. (16)
Artikel potřeby, -0, f. Pl. (15)
Toilettenartikel toaletní potřeby (5)
auch 1. také (1); ich komme auch zu Dir přijdu také k tobě; 2. i (16); wenn auch i když
auf 1. na + P. (Wo?) (2); ich war auf der Post byl jsem na poště; 2. na + A. (Wohin?); er setzte sich auf den Stuhl sedl si na židli
Aufenthalt pobyt, -u, m. (4)
Aufgabe úkol, -u, m. (9)
aufhalten zdržet, III, v.; zdržovat, II, unv. (12)
aufstehen vstát, IV, v., vstanu . . . vstanou; vstávat, I, unv. (12)

aus z + G. (2)
Ausflug výlet, -u, m. (7)
ausfüllen vyplnit, III, v.; vyplňovat, II, unv. (4)
Ausgang východ, -u, m. (7)
ausgewählt vybraný (11)
ausgezeichnet výborný (11)
auskennen sich vyznat se, I (4)
ausruhen sich odpočinout si, IV, v.; odpočívat, I, unv. (11)
außer kromě + G. (11)
außerdem kromě toho (11)
aussteigen vystoupit, III, v.; vystupovat, II, unv. (6)
Ausstellung výstava, -y, f. (18)
Ausstieg výstup, -u, m. (6)
ausverkauft vyprodaný (14)
auswählen sich vybrat si, IV, v., vyberu ... vyberou; vybírat si, I, unv. (15)
Auto auto, -a, n. (6)
Automat automat, -u, m. (16)

B

Bad koupelna, -y, f. (5)
Bahnhof nádraží, -í, n. (6)
Bahnsteig nástupiště, -ě, m. (17)
bald brzy
Bank lavice, -e, f. (9)
beeilen sich spěchat, I (6)
Beginn začátek, -u, m. (14)
beginnen začít, IV, v., začnu ... začnou; začínat, I, unv. (10)
beglückwünschen blahopřát, II, unv.; poblahopřát, II, v. (13)
begreifen pochopit, III, v.; chápat, IV, unv., chápu ... chápou (14)
begrüßen uvítat, I, v.; vítat, I, unv. (3)
Begrüßung přivítání, -í, n. (3)
beherrschen ovládat, I, unv. (13)
bei 1. při + P. (18); das sagt man beim Einkaufen nicht to se při nákupu neříká; 2. u + G. (2); er wohnt beim Onkel bydlí u strýce
Beispiel příklad, -u, m. (7)
zum Beispiel (z. B.) 1. například (např.); 2. třeba
bekannt známý (7)
beliebt oblíbený (7)
bemühen sich um etwas snažit se o + A., III, unv. (14)
bequem pohodlný (5)
Berg hora, -y, f. (7)
Beruf povolání, -í, n. (4)
beschäftigen sich mit etwas zabývat se + In., I, unv. (13)
beschreiben popsat, IV, v., popíšu ... popíšou; popisovat, II, unv. (12)
besiegen zvítězit nad + In., III, v. (16)
Besonderheit zvláštnost, -i f. (7)
bestellen objednat, I, v.; objednávat, I, unv. (11)
bestimmt určitý, určitě (3)
besuchen navštívit, III, v.; navštěvovat, II, unv. (2)
Betrieb závod, -u, m. (13)
Bett postel, -e, f. (5)
bezahlen zaplatit, III, v.; platit, III, unv. (8)
Bibliothek knihovna, -y, f. (6)
Bier pivo, -a, n. (1)
bilden tvořit III, unv. (7)
billig levný (18)
bitten poprosit, III, v.; prosit, III, unv. (2)
bleiben zůstat, IV, v., zůstanu ... zůstanou (17)
Bleistift tužka, -y, f. (9)
Bogen oblouk, -u, m. (7)
borgen půjčit (si), III, v.; půjčovat (si), II, unv. (7)
brauchen potřebovat, II, unv. (5)

Brief dopis, -u, m. (4)
Briefmarke známka, -y, f. (9)
bringen přinést, IV, v. (11)
Broschüre brožurka, -y, f. (18)
Brötchen houska, -y, f. (8)
Brot chléb, -a, m. (8)
Buch kniha, -y, f. (5)
Bungalow chata, -y, f. (18)
Burg hrad, -u, m. (1)
Bürste kartáč, -e, m., kartáček, -u, m. (8)
Bus autobus, -u, m. (6)
Butter máslo, -a, n. (8)

C

Camping kempink, -u, m. (18)
Charakter charakter, -u, m. (7)

D

da entlang tudy (6)
damals tehdy (13)
danken jemanden für etwas děkovat někomu za něco, II, unv. (2)
dann 1. potom; 2. pak (6); zuerst kam er und dann sie nejprve přišel on a potom (a pak) ona
daß 1. že (3); er sagte, daß er kommt říkal, že přijde; 2. aby (13); Ich möchte, daß er mir hilft, Chci, aby mi pomohl.
Daumen drücken držet palce, III, unv. (14)
dauern trvat, I, (14)
dein tvůj; deine tvoje; dein tvoje (2)
denken myslet, III, unv. (10)
Denkmal pomník, -u, m. (10)
der, die das ten, ta, to (1)
deshalb proto (14)
deutsch německý, německy (2)
Deutsch němčina, -y, f. (2)
Deutscher Němec, -e, m. (1)
Deutsche Němka, -y, f. (1)
Dienstag úterý (9)
am Dienstag v úterý (9)
direkt, gerade přímý (7)
Direktor ředitel, -e, m. (9)
Disziplin disciplína, -y, f. (16)
doch přece (7)
Donnerstag čtvrtek, -u, m. (9)
Dorf vesnice, -e, f. (4)
dort tam (9)
Drei (Zensur) trojka, -y, f. (9)
du ty (2)
dürfen smět, III, smějí (6)
Durst žízeň, -e, f. (3)
Dusche sprcha, -y, f. (5)
duschen sich osprchovat se, II, v.; sprchovat se, II, unv. (12)

E

ebenfalls nápodobně (11)
Ecke 1. roh, -u, m. (ulice); 2. kout, -u, m. (pokoj); Ich wohne um die Ecke. Bydlím za rohem.
egal; das ist egal to je jedno (6)
eigentlich vlastně (11)
Einbettzimmer jednolůžkový pokoj, -e, m. (4)
Einfall nápad, -u, m. (16)
einige několik (7)
einige Male několikrát (12)
Einkauf nákup, -u, m. (8)
einkaufen nakoupit, III, v.; nakupovat, II, unv. (8)
einkehren zajít si (na oběd), I, v. (11)
Einladung pozvání, -í, n. (4)
einprägen sich zapamatovat si, II, v.; pamatovat si, II, unv. (13)

einrichten zařídit, III, v.; zařizovat, II, unv. (17)
Eins (Zensur) jednička, -y, f. (9)
einsteigen nastoupit, III, v.; nastupovat, II, unv. (6)
Einstieg nástup, -u, m. (6)
Eintrittskarte vstupenka, -y, f. (14)
Einwohner obyvatel, -e, m. (7)
Eltern rodiče, -ů, m., Pl. (13)
Ende kon*e*c, -e m. (14)
enden skončit, III, v.; končit, III, unv. (14)
entweder – oder buď – anebo (6)
er on (5)
Erdgeschoß přízemí, -í, n. (14)
Erfolg úspěch, -u, m. (13)
Ergebnis výsled*e*k, -u, m. (16)
erhalten dostat, IV, v. (17)
erinnern sich vzpomenout si na + A., IV, v.; vzpomínat si, I, unv. (13)
Erlebnis zážit*e*k, -u, m. (14)
erledigen zařídit, III, v.; zařizovat, II, unv. (17)
erreichen dosáhnout + G., IV, v.; dosahovat, II, unv. (16)
erst až (2)
erzählen 1. vyprávět, IV, unv.; 2. povědět, v., povím . . . povědí; povídat, I, unv. (12)
es ono (5)
essen jíst, III, unv., jím . . . jedí; sníst, III, v., sním . . . snědí (11)
Essen jídlo, -a, n. (8)
etwas něco
euer váš; **eure** vaše; **euer** vaše (3)
Exkursion zájezd, -u, m. (18)

F

fahren jet, IV, jedu . . . jedou; jezdit, III (6)
Fahrkarte jízdenka, -y, f. (6)
Fahrplan jízdní řád, -u, m. (17)
Fahrrad kolo, -a, n. (6)
Fahrrad fahren jet, jezdit na kole
Fall případ, -u, m. (12); **in diesem Falle** v tom případě (12)
falls jestli (8)
Familie rodina, -y, f. (2)
Fehler chyba, -y, f. (12)
feiern slavit, III, unv.; oslavit, III, v. (13)
Fenster okno, -a, n. (5)
Ferien prázdniny, -0, Pl., f. (13)
finden nacházet, III, unv.; najít, IV, v., najdu . . . najdou (15)
Fischteich rybník, -u, m. (7)
Flur předsíň, -ně, f. (3)
Fluß řeka, -y, f. (7)
folgen sledovat, II, unv. (14)
Formular formulář, -e, m. (4)
fortsetzen pokračovat, II, unv. (12)
Frage otázka, -y, f. (9)
fragen ptát se na něco, I, unv.; zeptat se, I, v. (11)
Frau 1. paní, -í, f.; **Frau Novák** paní Nováková; 2. žena, -y, f. (2)
frei volný, volno (11)
Freitag pát*e*k, -u, m. (9)
Freude radost, -i, f. (4)
freuen sich auf etwas 1. těšit se na něco, III (7); 2. mít radost (7)
Freund přítel, -e, m. Pl. přátelé (3)
früh ráno (10)
Frühling jaro, -a, n. (9); **im Frühling** na jaře
Frühlings. . . jarní (5)
Frühstück snídaně, -ě, f. (12)
frühstücken snídat, I, unv.; nasnídat se, I, v. (12)
Füller pero, -a, n. (9)
Fünf (Zensur) pětka, -y, f. (9)
für 1. pro + A.; **für wen, wofür** pro

koho, pro co (10) 2. za + A.; danke für den lieben Brief děkuji za milý dopis (3)
Fuß noha, -y, f.
zu Fuß pěšky (6)
Fußboden podlaha, -y, f. (5)

G

ganz celý (7)
Garderobe šatna, -y, f. (14)
Gardine záclona, -y, f. (5)
Gebäude budova, -y, f. (14)
geboren werden narodit se (7)
Geburtstag narozeniny, -0, Pl., f. (13); zum Geburtstag k narozeninám
gefallen líbit se, III, (3); jemandem gefallen líbit se komu; Wie gefällt es Ihnen? Jak se Vám to líbí?
gegen proti + D. (11)
Gegenteil opak, -u, m.; im Gegenteil naopak (12)
gegenüber naproti + D. (15); dem Haus gegenüber naproti domu
gehen chodit, III, (2); jít, IV, jdu ... jdou (6)
Wie geht es Dir? Jak se máš? (2)
gehören patřit, III, unv. (5)
gelangen dostat se, IV, v. (6)
Geld peníze, peněz, m. Pl (8)
gelten platit, III, unv. (17)
gemütlich útulný (5)
genau přesný, přesně (14)
genug dost (10)
genügen stačit, III (8)
Gepäck zavazadlo, -a, n. (17)
geradeaus rovný, rovně (10)
gern rád, ráda, rádo (4)
lieber raději (8)
Geschäft obchod, -u, m. (8)
Geschenk dárek, -u, m. (12)
Geschichte historie, -e, f. (7)
Geschlecht rod, -u, m. (7)
Gespräch rozhovor, -u, m. (9)
gestern včera (7)
gesund zdravý (16)
Gesundheit zdraví, -í, n. (13)
gewinnen vyhrát, II, v.; vyhrávat, I, unv. (16)
gewöhnlich obvykle (9)
gewöhnt zvyklý (11)
gleich stejný, stejně (6)
gleich (sofort) hned (4)
Glück štěstí, -í, n. (13)
Glückwunsch... blahopřejný (15)
Gramm gram, -u, m. (8)
Dekagramm dekagram, -u, m. (8)
Grenze hranice, -e f. (7)
groß velký (5)
größer větší
Großmutter babička, -y, f. (2)
Großvater dědeček, -a, m. (2)
gründen založit III, v. (7)
günstig výhodný (17)
gut dobrý (2)

H

haben mít, mám ... mají (2)
Haken věšák, -u, m. (5)
Kleiderhaken věšák na šaty (5)
halb půl + G. (8); um halb acht v půl osmé (12)
Hälfte půlka, -y, f. (8)
halten 1. držet, III, unv. (16); die Daumen drücken držet palce; **2.** stavět, III, unv.; zastavit, III, v. (17); Weißt Du nicht, ob der Zug in Kutná hora hält? Nevíš, jestli staví v Kutné hoře?
Haltestelle stanice, -e f. (6)
Handball házená, -é, f. (13)

Handtuch ručník, -u, m. (5)
Haupt... hlavní (6)
Haus dům, domu, m. (2)
zu Hause doma (2)
Hausaufgabe domácí úkol, -u, m. (9)
Heft sešit, -u, m. (9)
heißen jmenovat se, II (1)
helfen pomáhat, I, unv.; pomoci, IV, v., pomůžu ... pomůžou (4)
hell světlý (5)
Heller haléř, -e, m. (8)
herausfahren vyjíždět, III, unv.; vyjet, IV, v., vyjedu ... vyjedou (17)
herausgehen vycházet, III, unv., vycházejí; vyjít, IV, v., vyjdu ... vyjdou (10)
Herbst podzim, -u, m. (9); im Herbst na podzim
Herbst... podzimní (13)
Herr 1. pán, -a, m. (2); Herr Novák pán Novák; 2. muž, -e, m.
heute dnes (6)
hier 1. tu (12); 2. tady (2); 3. zde
hier entlang tudy (10)
hierher sem (15)
hinausgehen vyjít, IV, vyjdu ... vyjdou (10)
hinsetzen sich posadit se, III, v. (3)
Setzen Sie sich! Posaďte se! (3)
hinten vzadu (10)
hinter 1. za + I. (Wo?) (2); 2. za + A. (Wohin?) (3)
hoch vysoký (7)
höher vyšší (7)
Hochschule vysoká škola, -y, f. (16)
hoffen doufat, I, unv. (4)
Honig med, -u, m. (12)
hören slyšet, III, unv.; uslyšet, III, v. (12)
Hörnchen rohlík, -u, m. (12)
Hotel hotel, -u, m. (4)
Hradschin Hradčany, -0, Pl., f. (1)
hübsch 1. hezký (4); Das ist ein hübsches Mädchen. To je hezká holka. 2. pěkný (6)
Hunger hlad, -u, m. (3)
Hut klobouk, -u, m. (7)

I

ich já (3)
Idee nápad, -u, m. (16)
ihr vy (3)
immer vždy, vždycky (7)
in 1. v + P. (Wo?); in Prag v Praze; 2. do + G. ich gehe zur Schule chodím do školy (Wohin?); 3. za + A. (12); er kommt in einer halben Stunde přijde za půl hodiny
Information informace, -e, f. (17)
Informationsheft informační brožurka, -y, f. (18)
Ingenieur inženýr, -a, m. (2)
interessant zajímavý (7)
Interesse zájem, -u, m. (14)
interessieren sich zajímat se o + A., I (12)
international mezinárodní (17)
inzwischen zatím (4)
irgendein nějaký (8)
irgendwann někdy

J

ja ano (1)
Jahr rok, -u, m.; Pl.: léta, -0, n. (2)
in diesem Jahr letos (7)
im vergangenem Jahr loni (7)
jeder každý (6)
jetzt teď (3)
jung mladý (5)
Junge 1. chlapec, -e, m. (9); 2. kluk, -a, m. (18)

K

Kaffee káva, -y, f. (3)
kalt studený (5)
Karte lístek, -u, m. (4)
Speisekarte jídelní lístek (11)
Käse sýr, -a, m. (8)
Kasse pokladna, -y, f. (8)
Kassiererin pokladní, -í, f. (8)
kaufen kupovat, II, unv.; koupit, III, v. (6)
sich etwas kaufen koupit si; kupovat si něco (8)
Kaufhaus obchodní dům (2)
kein žádný (12)
kennen znát, I, (4)
kennenlernen poznávat, I, unv.; poznat, I, v. (3)
Kilo kilo, -a, n. (8)
Kilogramm kilogram, -u, m. (8)
Kino kino, -a, n. (6)
Kiosk 1. stán*e*k, -u, m. (6); 2. kiosek, -u, m.
Kirche kostel, -a, m. (10)
Klasse třída, -y, f. (9)
Klavier klavír, -u, m. (13)
klein malý (5)
klingeln zvonit, III, unv.; zazvonit, III, v. (9)
Kloster klášter, -a, m. (7)
Knödel knedlík, -u, m. (11)
kochen vařit, III, unv.; uvařit, III, v. (10)
Koffer kufr, -u, m. (3)
Kohl zelí, -í, n. (11)
kommen dojít, IV, dojdu ... dojdou (9)
können 1. (dürfen) moci IV, můžu ... můžou (4); Kann ich Ihnen helfen? Můžu Vám pomoci?; **2.** (fähig sein) umět, III (10); Paul kann schon schwimmen. Pavel už umí plavat.
kontrollieren kontrolovat, II, unv. (9); zkontrolovat, II, v. (9)
Korb koš, -e, m. (5)
kosten stát, III, stojím ... stojí (6)
Wieviel kostet es? Kolik to stojí?
Krone koruna, -y f. (6)
Kuchen koláč, -e m. (3)

L

lachen smát se, II, unv., směji se ... smějí se (14)
Lager tábor, -a, m. (18)
Sommerlager letní tábor (18)
Lampe lampa, -y, f. (5)
Land země, -ě f. (7)
Landkarte mapa, -y, f. (10)
lang dlouhý, dlouho (12)
langsam pomalu (16)
langweilen sich nudit se, III, unv. (12)
lassen nechat, I, (3)
laufen běhat, I, unb.; běžet, III, best. (16)
leben žít, II, žiji ... žijí (7)
Lebensmittel potraviny, -0, f. (8)
Lehrbuch učebnice, -e, f. (9)
Lehrer učitel, -e, m. (2)
Lehrerin učitelka, -y, f. (2)
leider bohužel (13)
leihen půjčit, III, v.; půjčovat, II, unv. (7)
Leistungssport závodní sport, -u, m. (16)
Lektion lekce, -e, f. (9)
lernen učit se, III, unv.; naučit se, III, v. (2)
lesen číst, IV, čtu ... čtou, unv.; přečíst, IV, v.; přečtu ... přečtou (9)
lieb milý (2)
lieber (gern) raději (8)
Limonade limonáda, -y, f. (3)

linker levý (10)
links vlevo (10)
nach links doleva (10)
Liter litr, -u, m. (8)
lohnen sich stát za to, III, unv.; stojím ... stojí za to (14)
Lust chuť, -i, f. (14)

M

machen dělat, I, unv.; udělat, I, v. (9)
Mädchen dívka, -y, f. (18)
manchmal někdy (9)
Mann muž, -e, m. (4)
Märchen pohádka, -y, f. (11)
Mark marka, -y, f. (8)
Mathematik matematika, -y, f. (2)
Meer moře, -e, n. (4)
mein, meine, mein můj, moje, moje (2)
Mensch člověk, -a, m. (9)
merken sich pamatovat si, II, unv.; zapamatovat si, II, v. (13)
Meter metr, -u, m. (7)
Milch mléko, -a, n. (8)
Million milión, -u, m. (7)
mit s + I. (2)
Mittag essen obědvat, I, unv. (11)
Mittagessen oběd, -a, m. (11)
Mitte střed, -u, m.
in der Mitte (Wo?) uprostřed (14)
in die Mitte (Wohin?) doprostřed + G. (15)
Mittwoch středa, -y, f. (9)
möchten chtít, chci, chceš, ... chtějí (6)
möglich 1. možná Adv. (12); das ist möglich to je možné; 2. třeba (4); es ist möglich, daß er kommt třeba přijde
Monat měsíc, -e, m. (13)
Mond měsíc, -e, m. (13)
Montag pondělí, -í, n. (6)
Morgen ráno, -a, n. (10)
morgens ráno
morgen zítra (2)
Musik hudba, -y, f. (14)
Musik ... hudební (13)
münden vlévat se, I (7)
müssen musit, III (6)
Mutter matka, -y, f. (2)
Mutti maminka, -y, f. (2)

N

nach 1. po + P. (Wann?); nach den Ferien po prázdninách; 2. podle + G. (10); meiner Meinung nach podle mého mínění;
Nachmittag odpoledne (7)
nachmittags odpoledne (7)
Nachricht zpráva, -y, f. (10)
nächster 1. příští (4) 2. další (7)
Nacht noc, -i, f. (11)
Nacht ... noční (5)
Nachtisch zákusek, -u, m. (11)
nah, in der Nähe blízko Adv., blízko + G. (10)
nämlich totiž (11)
Nation národ, -u, m. (7)
National ... národní (14)
Nationaltheater Národní divadlo (12)
Natur příroda, -y f. (16)
natürlich 1. ovšem (17); 2. samozřejmě (4); wir werden Ihren Wunsch natürlich erfüllen vaše přání samozřejmě splníme
neben vedle + G. (2)
nehmen 1. brát si, I, unv. beru ... berou; vzít si, I, v., vezmu ... vezmou (14); 2. dát si něco, I, v. (11) Was nehmen Sie? co si dáte?,

Ich nehme einen Kaffee. Dám si kávu.
nein ne (1)
nett hodný (4); Das ist nett von Dir! To jsi hodný!, Seien Sie so nett! Buďte tak hodný!
neu nový (9)
neugierig zvědavý (12)
nicht ne (2)
nicht nur nejen (10)
nicht nur, sondern auch nejen, ale i (10)
Nichtraucher nekuřák, -a, m. (17)
noch ještě (2)
Norden sever, -u, m. (7)
im Norden na severu (7)
Nummer číslo, -a, n. (4)
nur jen, jenom (2)

O

oben nahoře (10)
nach oben nahoru (10)
Ober vrchní, -ího, m. (11)
oder nebo (1)
öffnen otevírat, I, unv.; otevřít, IV, v. (3)
Ort místo, -a, n. (7)
Osten východ, -u, m. (7)
im Osten na východě (7)

P

Park park, -u, m. (6)
Parkett přízemí, -í, n. (14)
Pasta pasta, -y, f. (8)
Zahnpasta zubní pasta (8)
Pfennig fenik, -u, m. (8)
Platz náměstí, -i, n. (6)
Wenzelsplatz Václavské náměstí (6)
Platzkarte místenka, -y f. (17)
platzkartenfrei bezmístenkový (17)
platzkartenpflichtig místenkový (17)
Platzkartenwagen místenkový vůz (17)
Post pošta, -y, f. (15)
prager pražský (15)
privat soukromý (18)
Produkt výrobek, -u, m. (7)
Programm program, -u, m. (12)
prüfen zkoušet, III, unv.; vyzkoušet, III, v. (9)
Prüfung zkouška, -y, f. (13)
Prüfung ablegen složit, III, v.; skládat, I, unv. zkoušku (13)
pünktlich přesně (14)

Q

Quelle pramen, -e, m. (7)

R

Radio rádio, -a, n. (5)
raten jemandem etwas poradit někomu něco, III, v. (11)
Rathaus radnice, -e, f. (10)
rechnen počítat, I, unv.; spočítat, I, v. (8)
Rechner počítač, -e, m. (13)
Recht právo, -a, n. (14); Jeder hat das Recht, zur Schule zu gehen. Každý má právo chodit do školy.
Du hast recht! Máš pravdu! (14)
rechter pravý (10)
rechts vpravo (10)
nach rechts doprava (10)
rechtzeitig včas (13)
Regal polička, -y, f. (5)
Bücherregal polička na knihy (5)
regelmäßig pravidelný (17)
regnen pršet, II, unv. (16)

reich bohatý (7)
Reihe řada, -y, f. (7)
Reise 1. cesta, -y, f. (7); 2. zájezd, -u, m. (18)
Republik republika, -y, f. (1)
Restaurant restaurace, -e, f. (10)
restliche ostatní (12)
richtig správný, správně (8)
rot červený (5)
rund kulatý (5)

S

Sache věc, -i, f. (9)
Saft mošt, -u, m. (12)
sagen říci, IV, v., řeknu ... řeknou, (6); říkat, I, unv. (1)
Schalter (auf der Post) okénko, -a, n. (6)
schicken posílat, I, unv.; poslat, IV, v. pošlu ... pošlou (15)
schlafen spát, III, spím ... spí (18)
schlecht špatný, špatně (12)
Schlüssel klíč, -e, m. (4)
schmecken chutnat, I, unv. (11)
Schnee sníh, sněhu m. (16)
schnell rychlý (16)
Schnellzug (D-Zug) rychlík, -u, m. (17)
schon už (2)
schön 1. hezký (4); 2. krásný (10); einen schönen Ausblick haben mít krásnou vyhlídku; 3. pěkný
Schrank skříň, -e, f. (5)
  Kleiderschrank skříň na šaty (5)
Schreib ... psací (5)
schreiben psát, IV, unv., píšu ... píšou (4); napsat, IV, v. (9)
Schule škola, -y, f. (2)
Schüler žák, -a, m. (2)
Schweinebraten vepřová pečeně, -ě, f. (11)
schwer těžký (9)
Schwester sestra, -y, f. (2)
sehen vidět, III, unv. (7); uvidět, III, v. (10)
Sehenswürdigkeit pamětihodnost, -i, f. (7)
sehr velmi (5)
Seife mýdlo, -a, n. (8)
sein být, jsem ... jsou (1)
sein (Pron.) jeho (2); sein Vater jeho otec
seitdem od té doby (13)
Seite strana, -y, f.
selbst sám (17)
selbstverständlich samozřejmě (4)
Sessel křeslo, -a, n. (5)
sicher 1. určitě (3); 2. jistě (11)
sie ona (2)
  sie Pl. oni, ony, ona (5)
Sie vy (3)
siegen vyhrát, II, v., vyhraji ... vyhrají; vyhrávat, I, unv. (16)
Situation situace, -e, f. (14)
sitzen sedět, III, unv. (9)
so tak (6)
soviel tolik (12)
so daß takže (8)
sofort hned (4)
sollen mít, mám ... mají (4)
Sommer léto, -a, n. (7)
Sommer ... letní (7)
Sonnabend sobota, -y, f. (7)
  am Sonnabend v sobotu
Sonntag neděle, -e, f. (9)
  am Sonntag v neděli
Sorge starost, -i, f. (12)
Sorte druh, -u, m. (16)
spät pozdě (13)
  später později (11)
spazierengehen procházet se + po + P., III, unv.; projít se, IV, v. (6)
Spaziergang procházka, -y, f. (7)

Speise ... jídelní (11)
Speisekarte jídelní lístek, -u, m.
Spezialität specialita, -y, f. (11)
Spiegel zrcadlo, -a, n. (5)
spielen hrát, II, unv. (13); Klavier spielen hrát na klavír; Fußball spielen hrát fotbal (kopanou)
Sport sport, -u, m. (7)
Sport treiben pěstovat sport, II, unv. (16)
Sportler sportovec, -e, m. (16)
Sportplatz hřiště, -ě, n. (9)
Sprache **1.** jazyk, -a, m. (9); **2.** řeč, -i, f.
sprechen mluvit, III, unv. (2)
Stadion stadión, -u, m. (16)
Stadt město, -a, n. (1)
ständig pořád (10)
Station stanice, -e, f. (6)
stattfinden konat se, I, unv. (16)
stehen stát, III, stojím ... stojí (6)
sterben zemřít, I, v. (13)
stören vadit, III, unv. (16); das stört nicht to nevadí
Straße ulice, -e, f. (10)
Straßenbahn tramvaj, -e, f. (6)
Stück kus, -u, m. (8)
Stückchen kousek, -u, m. (10)
Student student, -a, m. (1)
Studentin studentka, -y, f.
Studenten ... studentský (4)
Studentenwohnheim kolej, -e, f. (4)
studieren studovat, II, unv. (2)
Stuhl židle, -e, f. (5)
Stunde hodina, -y, f. (9)
Stundenplan rozvrh, -u, m. hodin (9)
suchen hledat, I, unv. (17)
Süden jih, -u, m. (7)
im Süden na jihu (7)
Suppe polévka, -y, f. (11)

T

Tafel tabule, -e, f. (9)
Tag den, -e, m. (12)
Talsperre přehrada, -y, f. (7)
Tasche taška, -y, f. (9)
Tee čaj, -e, m. (3)
Teil část, -i, f. (7)
Telefon ... telefonní (15)
telefonieren telefonovat, II, unv., (2)
Telegramm telegram, -u, m. (3)
Teppich koberec, -e, m. (5)
teuer drahý (18)
Text text, -u, m. (9)
Theater divadlo, -a, n. (12)
Theater ... divadelní (12)
Tisch stůl, stolu, m. (2)
Tisch ... stolní (5)
Toilettenartikel toaletní potřeby (5)
Tor brána, -y, f. (10)
traditionell tradičně (10)
tragen nést, IV, v.; nosit, III, unv. (3)
trainieren trénovat, II, unv. (16)
Training trénink, -u, m. (6)
treffen sich sejít se, IV, v.; scházet se, III, unv. (10)
Treppe schody, -ů, Pl., m. (10)
trinken pít, II, unv., piji ... pijí, (11)
austrinken vypít, III, v. (11)
Trinken pití, -í n. (11); Was möchtest Du trinken/zum Trinken? Co chceš k pití?
tschechisch český (2)
tun dělat, I, unv.; udělat, I, v. (9)
Tür dveře, -í, Pl., f. (3)
Turm věž, -e, f. (10)
turnen cvičit, III, unv. (9)
Turnhalle tělocvična, -y, f. (9)
typisch typický (11)

U

U-Bahn metro, -a, n. (6)
üben cvičit, III, unv.; (9)
Übung cvičení, -í, n. (9)
über 1. nad + I. (Wo?); er wohnt über uns bydlí nad námi; **2.** nad + A. (Wohin?); ich hänge das Bild über den Tisch pověsím obraz nad stůl (5); **3.** přes + A. (6); über die Straße gehen jít přes ulici; **4.** o + P. (2); wir sprachen über Prag mluvili jsme o Praze
überall všude (6)
überhaupt vůbec (11)
übermorgen pozítří (13)
übersetzen překládat, I, unv.; přeložit, III, v. (9)
Uhr hodiny, -0, Pl., f. (12)
um, um herum 1. okolo + G. (10); um das Haus herum okolo domu; **2.** v + A. (12); um 1 Uhr v jednu hodinu; **3.** kolem + G. (18); Reise um die Welt cesta kolem světa
Umgebung okolí, -í, n. (7)
umgekehrt naopak (12)
umsteigen přestupovat, II, unv.; přestoupit, III, v. (6)
Umstieg přestup, -u, m. (6)
umziehen přestěhovat se, II, v.; stěhovat se, II, unv. (13)
und a (1)
Universität univerzita, -y, f. (2)
Universitäts . . . univerzitní (6)
unser, unsere, unser náš, naše, naše (2)
unten dole (10)
unter 1. pod + I. (Wo?); (5); er saß unter dem Baum seděl pod stromem; **2.** pod + A. (Wohin?) (5); er setzte sich unter den Baum sedl si pod strom; **3.** mezi + I.; das bleibt unter uns to zůstane mezi námi; unter vier Augen mezi čtyřma očima
Unterkunft ubytování, -í, n. (18)
unterhalten sich povídat si, I, unv. (16)
unternehmen podnikat, I, unv.; podniknout, IV, v. (7)
Unterricht 1. vyučování, -í, n. (9); **2.** výuka, -y, f. (13)
Unterrichtsfach předmět, -u, m. (9)
unterschreiben podepisovat, II, unv.; podepsat, IV, v., podepíšu . . . podepíšou (4)
Urlaub dovolená, -é, f. (7)
ursprünglich původní, původně (13)

V

Vater otec, -e, m. (2)
Vati tatínek, -a, m. (2)
verändern sich měnit se, III, unv.; změnit se, III, v. (17)
verbinden spojovat, II, unv.; spojit, III, v. (16)
verfolgen sledovat, II, unv. (14)
vergessen zapomenout, IV, v. (6)
Verkäuferin prodavačka, -y, f. (2)
verlieren prohrávat, I, unv.; prohrát, II, v. prohraji . . . prohrají (16)
verstehen rozumět, III, unv. (1)
verschieden různý (15)
versuchen zkoušet, III, unv.; zkusit, III, v. (9)
Verzeihen Sie! Promiňte! (11)
Verzeichnis seznam, -u, m. (12)
viel 1. mnoho (3); viel Geld mnoho peněz; **2.** hodně (7); er muß viel Milch trinken musí pít hodně mléka; **3.** moc (3); Ich habe viel Sorgen. Mám moc starostí.; Was zu viel ist, ist zu viel. Co je moc, to je moc!

vielleicht třeba (4)
vier čtyři, čtyř (8)
Vier (Zensur) čtyřka, -y, f. (9)
Viertel čtvrt, -i, f. (8)
Volleyball volejbal, -u, m. (16)
von od + G. (4); Ich habe von ihr einen Brief erhalten, Dostal jsem od ní dopis., weit von Prag daleko od Prahy
  von hier odsud (10)
  von dort odtud (10)
vor 1. před + I. (Wo?) (3); 2. před + A. (Wohin?) (3)
vorbereiten připravovat, II, unv.; připravit, III, v. (9)
vorgestern předevčírem (13)
vorher předem (18)
vorläufig zatím (4)
Vorlesung přednáška, -y, f. (12)
vorn vpředu (10)
Vorsicht pozor, -u, m. (8)
vorstellen sich představovat se, II, unv.; představit se, III, v., (1)
Vortrag přednáška, -y, f. (12)

W

Wagen vůz, vozu m. (6)
wann kdy (12)
  ab wann odkdy (12)
  bis wann dokdy (12)
warm teplý (5)
warten čekat, I, unv.; počkat, I, v. (12)
warum proč (13)
was co (1)
was für ein jaký (8)
Waschbecken umývadlo, -a, n. (5)
Wasser voda, -y, f. (5)
weder noch ani ani (14)
Weg cesta, -y, f. (7)
Weihnachten vánoce, -0, Pl., f. (13)
weil protože (14)
Weile chvíle, -e, f. (11)
  Weilchen chvílka, -y, f. (11)
weiß bílý (5)
weit daleko (6)
  weiter dál (3)
welcher 1. který (6); 2. jaký (4)
Welt svět, -a, m. (7)
wenig málo (11)
wenn 1. když (6); wenn ich nach Hause komme když přijdu domů; 2. jestli (8) Wenn ich Zeit habe, dann komme ich noch zu Dir. Jestli budu mít čas, tak k tobě ještě přijdu.
wer kdo (1)
Westen západ, -u, m. (7)
Wetter počasí, -í, n. (10)
Wettkampf závod, -u, m. (16)
wie jak (1)
wieder zase (4)
wiederholen opakovat, II, unv.; zopakovat, II, v. (9)
Wiedersehen shledání, -í, n. (2)
  Auf Wiedersehen! Na shledanou!
wieviel kolik (6)
Winter zima, -y, f. (7)
Winter. . . zimní (7)
wir my (3)
wirklich opravdu (11)
wissen vědět, vím . . . vědí (4)
wo kde (1)
  wo entlang kudy (10)
Woche týden, -e, m. (4)
woher odkud (2)
wohin kam (2)
wohnen bydlet, III, unv. (1)
Wohnung byt, -u, m. (3)
wollen chtít, chci, chceš . . . chtějí, unv. (6)
Wort slovo, -a, n. (9)
Wörterbuch slovník, -u, m. (9)
Wunder zázrak, -u, m. (16)

Wunsch přání, -í, n. (8)
wünschen sich přát si, II, unv. přeji... přejí (4)
Würfel... kostkový (8)
Würfelzucker kostkový cukr (8)
Wurst salám, -u, m. (8)

Z

zählen počítat, I, unv.; spočítat, I, v. (8)
Zahnbürste kartáček na zuby (8)
zeigen ukazovat, II, unv.; ukázat, IV, v., ukážu... ukážou (3)
Zeit 1. čas, -u, m. (2); haben wir noch Zeit máme ještě čas; 2. doba, -y, f. (3) das war eine schöne Zeit to byla hezká doba; seit der Zeit od té doby
Zeitschrift časopis, -u, m. (7)
Zeitung noviny, -0, Pl., f. (6)
Zeitungs... novinový (6)
Zelt stan, -u, m. (18)
zelten stanovat, II, unv. (18)
Zensur známka, -y, f. (9)
Zeugnis vysvědčení, -í, n. (9)
ziemlich dost (10)
Zimmer pokoj, -e, m. (4)
Zirkel kroužek, -u, m. (13)
zu k + D. (2)
Zucker cukr, -u, m. (8)
zuerst nejdříve (7)
zurück zpátky (6)
zurückgeben vracet, III, unv.; vrátit, III, v. (8)
zurückkehren vracet se, III, unv.; vrátit se, III, v. (8)
zusammen 1. spolu (7); 2. dohromady (8); 3. společně (18)
zusteigen přistupovat, II, unv.; přistoupit, III, v. (17)
zwar sice (8)
Zwei (Note) dvojka, -y, f. (9)
zwei dva, dvě (1)
Zweibettzimmer dvoulůžkový pokoj (4)
zwischen 1. mezi + A. (Wohin?); er setzte sich zwischen uns posadil se mezi nás; 2. mezi + I. (Wo?) (2); er saß zwischen uns seděl mezi námi

ČESKÁ REPUBLIKA
N Ě M E C K O
R A K
Rumburk
Frýdlant
Liberec
Děčín
Ústí n. L.
Česká Lípa
Jablonec n.N.
Teplice
Litvínov
Duchcov
Litoměřice
Máchovo jez.
Chomutov
Lovosice
Most
Terezín
Klínovec
1244
Kadaň
Tušimice
Jáchymov
Ohře
Roudnice
Mělník
Mladá Boleslav
Jizera
Aš
Louny
Žatec
Kralupy n. Vlt.
Stará Boleslav
Karlovy Vary
Františkovy Lázně
Sokolov
Nymburk
Cheb
Lidice
Kladno
Rakovník
PRAHA
Český Brod
Kolín
Mariánské Lázně
Berounka
Beroun
Zbraslav
Karlštejn
Kutná Hora
Mže
Tachov
Stříbro
Plzeň
Rokycany
Benešov
Sázava
Příbram
Domažlice
Úhlava
1042
Čerchov
Orlík
Vltava
Tábor
Pelhřimov
Klatovy
Rabí
Písek
Sušice
Strakonice
Týn n. Vlt.
Jindřichův Hradec
Lužnice
1343
Jezerní hora
Husinec
Hluboká n. Vlt.
Rožmberk
Prachatice
České Budějovice
Trocnov
Český Krumlov
Dunaj
Lipenská přehr. nádrž.
Lipno n. Vlt.
České Velenice